🔔 李開復給年輕人的100個忠告

打開格局
先放棄「穩定」！

文泉 著

別讓短暫的安穩成為前進的阻礙，
如何打造強大且靈活的人生格局？

思辨力×學習力×競爭力……

跳脫一切安穩的環境，在挑戰與反思中成就卓越！

目錄

序言　別在最能打拚的年紀選擇穩定 ……………………005

第一章　努力前,先找到方向 ……………………………009

第二章　成功的第一步:建立自信 ………………………031

第三章　機遇只屬於行動者 ………………………………055

第四章　會選擇,才能走更遠 ……………………………075

第五章　思考的深度決定未來 ……………………………097

第六章　創新,讓你與眾不同 ……………………………121

第七章　創新,讓你與眾不同 ……………………………145

第八章　創新,讓你與眾不同 ……………………………165

第九章　格局決定你能走多遠 ……………………………187

第十章　溝通與合作,成就更大的自己 …………………211

第十一章　幫助別人,就是成就自己 ……………………235

目錄

第十二章　成功來自不斷反思與修正⋯⋯⋯⋯⋯⋯255

第十三章　挫折，是成功的墊腳石⋯⋯⋯⋯⋯⋯275

序言
別在最能打拚的年紀選擇穩定

　　行路的人，不會在意平穩的泥土，無論泥土有多麼芳香；再忙碌，人們也會去看一眼風中的百花，即使它們不像泥土那麼穩穩地在那裡，但它們的努力綻放，畢竟為世界增添了無限的色彩。

　　穩定是對的，然而大多數人口中的「穩定」，並不是真正的穩定。世界每天都在變，所謂穩定，或許根本就是不存在的。唯一不變的就是改變本身，所以唯有每天努力奔波，才不會浪費生命。因此，社會上出現了很多創業、創新和追求事業成功的人，這是時代進步的表現。而這些人，則多數是年輕人。

　　年輕人有很多特點，有些是他們的優勢，有些則是劣勢。年輕人的優勢在於，他們有足夠的時間和精力，擁有持續的熱情，可以盡情去做自己喜歡的事情，追求自己想要的東西。同時，年輕人有更強的學習能力，可以盡快地掌握新知識。這兩點是年輕人最大的優勢。而他們的劣勢則在於閱歷不足，由於年齡限制，年輕人沒有足夠的社會經驗，經驗不足很容易導致追尋夢想的年輕人在面臨選擇時走入歧途或陷入困境，並為此付出巨大的代價，這是年輕人首先需要解決的問題。在年輕人看

序言　別在最能打拚的年紀選擇穩定

來，大咖的創業經歷最值得學習和品味，最容易從中汲取經驗和教訓。這時候，如果有一個成功者能夠給他們指引，幫助他們規劃未來之路，告訴他們成功的經驗，對年輕人來說無疑是巨大的幫助。事實上，也確實有人在做這樣的事情，李開復就是其中的代表。

李開復是一個成功者，他從蘋果、微軟到Google，再從Google到創新工場，從掌控大型跨國企業到進行風險投資，李開復一次次完成了其職業生涯的華麗轉身，他的每一次人生選擇，都是一次成功的自我超越。那麼，我們能否從這個大咖身上學到些什麼？答案是肯定的。成功雖然不能複製，但是成功者的經驗、方法、思想和體會都是可以借鑑的，也是必須借鑑的。

李開復是優秀的，更是熱心的，他身上那種強烈的社會責任感，支撐他一直在做著幫助年輕人的事。這對追尋夢想的年輕人是非常有利的。有了「李開復們」的指引，年輕人可以少走甚至不走彎路，這樣就大幅縮短了奮鬥的時間，因而可以更好、更快地實現自己的人生價值。人們常說的「讀萬卷書不如行萬里路，行萬里路不如閱人無數，閱人無數不如名師指路」就是這個道理。

在這本書中，我們選取了李開復提供給年輕人的100個實用忠告。在每條忠告的闡釋當中，都搭配了相應的故事，以便讀者更深入地理解這些建議。這些故事大都發生在李開復自己

身上,也有些是他曾經講過或引用過的。在每個故事之後,我們還附上了李開復的看法,並進行解讀,旨在找出李開復行為背後的思維習慣,讀者可以根據自己的具體情況比對學習。這樣的學習和領悟方式,會比光看故事和僅聽道理效果更好。

書中的文字樸實而真誠,具有深刻的感染力和啟發性,讓讀者感受到向上的力量、昂揚的態度和智慧的人生哲學,從而使年輕人更明確自己前進的方向,對於年輕人的工作、學習和生活具有很強的指導意義。

在最能打拚的年紀,如果你的靈魂無處安放,如果你在十字路口猶豫不決,如果你在現實壓力下無法喘息,翻開書,讀下去,會有一股力量從你心底長出來!

序言　別在最能打拚的年紀選擇穩定

第一章
努力前,先找到方向

熱情是成功的原動力,其來源只有一個,那就是興趣!

―― 李開復

第一章 努力前,先找到方向

▎問問自己最想要什麼

> 每個人都應該了解自己的興趣,並在自己熱愛的領域裡發揮自己的潛力。
>
> —— 李開復

每個人都有想要的東西,但要問最想要什麼,恐怕很多人就答不上來了,不是沒有答案,而是心中有太多的答案,但無法取捨。不過,對於一個聰明人來說,是不存在這個問題的。聰明者往往更能掌握自己的內心,他們十分了解自己,知道哪些是自己想要的,哪些是別人希望自己有的。就好像,有些人努力的原因是想成為別人羨慕的對象,他們所追求的就是別人希望他們有的;而那些為了自己的快樂和興趣去努力的人,就是在追求自己想要的。

這兩種人思維的差別很大,我們往往更喜歡後者,但實際生活中卻多是前者,因為做前者具有更大的誘惑力,能給我們更多的「滿足」感。不過這滿足是外在的,剝去這些外在的東西,就只剩下空虛了,所以,聰明人都會選擇做後者。李開復就是一個聰明人,他也是按照後面這種思路選擇自己的人生的。李開復一直在按照自己內心的召喚選擇道路,不過讓人佩服的是,他的能力很強,可以做自己感興趣的事情做到讓人羨慕。這樣,前面所列舉的兩種選擇在李開復身上合而為一了。他既得到了快樂,又獲得了人們羨慕的成就。

問問自己最想要什麼

　　從小，李開復就認為自己的興趣是法律，志向是做一名律師，也正是出於這個原因，大學選科系的時候，他選擇了與法學相關的「政治科學」。可是，當上了幾門課之後，李開復才發現，自己對這個領域完全不感興趣，根本聽不進去。

　　李開復小時候數學成績很好，也一直被老師們譽為「數學天才」，所以，大學時他的第二志願是數學。當他發現自己對法律類的東西沒有興趣後，就開始考慮數學系了。不過沒多久，他就發現自己對數學也並不是很感興趣。他這麼判定的原因很簡單，在剛入學的時候，學校安排他加入了一個「數學天才班」，班上的人都是當時哥倫比亞大學的數學傑出人士。在這個班待了不久，就發生了一件讓李開復很鬱悶的事情。他發現，他這個「數學傑出人士」，在這裡竟然是最差的，班上同學的成績都比他好。

　　經過了一番思索，李開復明白了其中的道理，他是田納西州的數學冠軍，但在當時，田納西州的整體教學水準就比較低，自然跟其他州沒辦法比。而且，他還發現了，其他同學之所以成績那麼好，是因為他們是出於喜愛而選擇數學，他們是因為喜歡「數學之美」才選擇數學的。而自己只是因為成績好，別人都誇自己有數學天分才選擇了學習數學，對數學並沒有真正的興趣。

　　發現這一點之後，李開復終於明白，想要真正做出成績，靠的是自己的興趣，靠的是內心的感受，而不是別人給你貼的

第一章 努力前,先找到方向

標籤、為你下的判斷。到這裡,李開復的思路明朗了,但新的麻煩也隨之而來 —— 他不知道自己到底喜歡什麼。

後來,李開復終於找到了自己的愛好,他發現自己對電腦很感興趣,他喜歡「玩」電腦。當聽到電腦也是一門學系的時候,李開復頓時興奮了起來,他知道,自己想要的東西來了。就這樣,他由原本的政治科學科系,轉去了電機科系。

了解李開復的人都應該知道,電腦對李開復來說意味著什麼,在他的事業中有多大的影響,可以說他的成功是跟電腦分不開的。

李開復的故事是很有啟發性的,也是有普遍意義的。我們必須了解,想要成功,一定要在某一個領域有所建樹,做出別人沒有做出或者做不出來的東西,這樣才會成功。而想要有這種成就,靠的不僅是努力,更是興趣。就像李開復一樣,他未必比「數學天才班」的人笨,從以後的發展來看,很可能還比那些人更聰明,至少會比其中一部分人更聰明。但是,在學習數學這件事上,他卻是班上的最後一名,原因很簡單,他對數學沒有興趣。

人都是這樣,只有對一件事有興趣才願意去鑽研,願意鑽研,才會有所成就。如果每天面對的事情給你帶來的除了痛苦沒有其他,那麼,成績從何而來呢?

想要成功,先要選好方向,而選擇方向,就要看自己的興

趣所在了。記住，最想做什麼，就去做什麼。只有這樣，才會將快樂和成功同時拿到手。

追隨內心，做最感興趣的事

真正的興趣應該是發自內心的，而不應當受到世俗觀念的影響。

—— 李開復

近年來，隨著網路的普及，誕生了很多新詞彙及網路流行語，其中有一句說得非常有道理：「在錯誤的道路上，即使奔跑也沒有用。」這句話的意思是人要努力，但更要找對方向。關於這一點，李開復也有很深刻的體會。他在自己的演講中，就經常會說到關於選擇的話題，他認為，一個人最重要的就是追隨自己的內心去選擇，只有做鍾愛的事情，才能夠為自己贏得一個未來。而在選擇方面，李開復也確實做得很好。

1983 年，李開復大學畢業，他的成績很好，是哥倫比亞大學電機系的第一名。在李開復畢業的時候，很多教授都給了他建議，希望他能夠繼續進行學業，攻讀博士。而且，李開復個人也有這種打算，於是他就開始做相關準備了。

李開復給了自己三個備案選項，分別是史丹佛大學、麻省理工以及卡內基‧梅隆大學。因為李開復之前跟卡內基‧梅隆大

第一章　努力前，先找到方向

學的一位教授有過接觸，這間學校發了一封邀請函給李開復，希望他去參觀，李開復應邀前往。

這次參觀讓李開復的印象很深刻，在參觀過程中，他看到了一所優秀大學嚴謹、求實的學風，同時也感受到了這所學校學生們的創造性。令他印象最深刻的是，卡內基・梅隆大學電腦學院的自動販賣機，這裡的自動販賣機竟然是有「區域網路」的，學生們透過電腦就可以檢視販賣機中還有多少東西販售中，每樣東西還剩餘多少庫存。這個特別的發明，引起了李開復的興趣，他感覺到，這個學校有一群略顯呆板，但絕對可愛的學生。最終，他選擇了卡內基・梅隆大學。

在目前的社會中，很多年輕人面對學業選擇的時候，首先考慮的都是學校，只要學校好，讀什麼科系往往就不太在意了。但李開復不是這樣，在定下學校之後，他就開始考慮自己要往哪個方向發展了。這一點，他很看重。

經過了一系列的比對和調查，李開復發現，那些太過抽象的研究很難找到具體的應用方向，在應用方面有缺點；而那些過分注重應用前景的課題，往往又不太深刻，很容易被淘汰。最後，他經過多方比對，發現電腦語音辨識主題將研究和應用這兩個方面做了很好的結合。既有研究深度，又有很強的實用性，是最佳的選擇。就這樣，他將語音辨識當作了自己的研究方向，並由此確定了指導教授。

> 追隨內心，做最感興趣的事

　　研究方向和指導教授都選擇好之後，李開復就開始了自己的博士生涯。在他整個博士班就讀期間，李開復非常努力，最終順利完成了自己的研究課題，取得了博士學位。這段經歷對李開復的影響很大，在之後的工作中給了他很大的幫助。正是這種既有深度又有實用性的專業方向，成就了他後來的事業。

　　李開復是聰明的，更是謹慎的，在面對選擇的時候，他不僅知道自己想要什麼，更知道如何才能獲得自己想要的東西。正是因為這點，他做出了正確的選擇，而不是像很多年輕人一樣，只知道努力，只知道付出，卻始終沒有找對方向。很多年輕人往往由於所選科目的偏差，上學期間沒有認真鑽研學業，學業成績不理想，能在社會上對其自身有幫助的知識更是掌握得極少，進而無法獲得自己想要的人生。所以，那些正在選擇領域方向的年輕人，就應該多想想李開復的故事，避免因為選擇造成一生的遺憾。

　　縱觀李開復的整個選擇過程，都是以科系為導向的，他去考察的時候，不是看學校的建築多麼宏偉，學校的歷史有多麼悠久，而是看了在校生們的發明，了解了學生們的學習狀況之後才選擇的。科系也一樣，不僅結合了自己的興趣，還從各個方面進行了綜合考量。正是因為有這麼多的思考，他才能夠選擇到自己喜歡且有深度，而且非常實用的領域。這不僅是一種選擇，更是一種智慧。

　　我們要學習的就是李開復的這種智慧，不要只知道悶著頭

第一章 努力前,先找到方向

努力,更要抬頭看看方向。要知道,只有方向選擇對了,你的努力才有意義;如果方向選擇錯誤,那麼再努力也是沒結果的。

興趣所在,往往是有天賦的

一個自己感興趣的專業方向,有時會帶來意想不到的機遇。

—— 李開復

提起天賦,很多人都會一頭霧水,我們經常會提到這個詞,但對其實際定義卻往往很模糊。關於天賦,李開復有非常獨到的見解,他說「天賦就是興趣,興趣就是天賦」,這話是有一定的道理的。所謂天賦,就是指具有從事某一件事情的能力,像理解力、執行力等。而這些,恰恰是與興趣緊密相關的。

當面對一件自己感興趣的事情時,我們總是願意花時間去了解,同時也希望自己能夠了解得更深入些,成為這方面的專家。經過這些努力之後,在這方面,我們自然就會變得更專業,可能獲取的成就也就更大。而對於沒有興趣的東西,則恰恰相反。當面對一件自己不感興趣的事情,尤其是那些必須去做的不感興趣的事時,人們往往會心生厭煩,這種厭煩會讓我們帶著負面的情緒去完成這件事,其結果往往就變成了力沒少出,時間也沒少花,效果卻十分有限。

這就是興趣的力量,它能夠讓我們以更好的姿態、更高的

興趣所在，往往是有天賦的

效率去做一件事情，關於這點，李開復的經歷很能說明問題。

1994年，李開復迷上了電腦對弈，他和自己的學生桑喬伊（Sanjoy Mahajan）兩個人開始著手研究將統計學應用在黑白棋上，開發了「奧賽羅」人機對弈系統。黑白棋（Othello）是一種類似五子棋的對弈遊戲，在美國比較流行，但都是人與人之間的對弈，還沒有人將其應用在電腦上。李開復在這件事上的研究算是開先河之作。

李開復他們做的事情，簡單來說就是將各種黑白棋的棋譜輸入到電腦中，然後用統計學進行分析計算，最後命令電腦每走一步都採取贏率更大的策略。兩個人在研究的過程中，發明了很多不同的演算法，並對各種演算法進行了比較。那段時間，李開復和桑喬伊的興趣點幾乎都在這件事上。下課後，兩個人就開始研究演算法，晚上通常是去李開復家吃點東西，然後兩個人就又返回學校一頭栽進研究中了。

經過了一段時間的研究，他們取得了很大的進步，最後，他們的電腦程式已經可以推算到未來的第14步了，而最厲害的黑白棋棋手，也不過能預測5～6步而已。

取得了階段性成果之後，李開復將這件事告訴了瑞迪教授，瑞迪教授聽了之後很感興趣，並建議他們參加黑白棋的世界盃比賽。同時，瑞迪教授還拿出自己的私人經費，讓李開復他們花了3,000美元寫了論文，並給了他們1,000美元參加位於加州

> 第一章 努力前,先找到方向

的一個黑白棋電腦比賽。在這次比賽中,李開復他們獲得了黑白棋電腦比賽的世界冠軍。

獲得黑白棋電腦比賽冠軍之後,李開復和桑喬伊開始思索挑戰人類棋手,他們透過雜誌聯繫上了當時的黑白棋世界冠軍——羅斯。羅斯聽說要進行人機對弈,很感興趣,答應了他們的挑戰。

最終,這場人機對弈如期舉行,不過,原本定的三局只進行了一局,因為羅斯在第一局以大比分輸掉比賽之後,就氣憤地放棄比賽,離場了。這是機器第一次打敗人類冠軍,是開創性的、里程碑式的一件事情。李開復完成了這件事情,靠的是他在程式設計方面的天賦,更是他在這方面的興趣。

我們可以想像,如果沒有興趣,那麼李開復不會去研究電腦對弈,如果沒有興趣,那麼他不會夜以繼日地程式設計。沒有這些過程,李開復在電腦對弈領域也就不會有如此成就。在外人看來,他在電腦方面表現出了極大的天賦,而實際上他表現出的天賦都是靠興趣支撐的。正是由於對這件事有著無限的興趣,才讓他想到去做,並願意去做,為了做這件事他肯付出,並覺得這種付出是快樂的。這種心態對他的研究非常有幫助,甚至發揮了關鍵作用。這就是興趣的力量!

我們沒有李開復那樣的程式設計能力,設計不出能夠戰勝人類棋手的電腦程式,但是,我們可以在別的方面下功夫。

人總是有自己的興趣的，找到它，並為之努力，那麼，總有一天你也會在相關的領域有所建樹，那時你會發現，你的天賦有多高。

努力讓興趣成為專長

堅持天天做同一件事，很能鍛鍊我們，試試便知。

—— 李開復

一般來講，專長就是指一個人在某個方面有特殊的能力，在這個領域內容易取得成績，至少是非常善於解決這個領域內的問題。在一般人的眼中，專長大都是跟天賦有關的，像很多年輕人在填各種表格的時候，都會在專長一欄寫上會打籃球、會唱歌等。其實，專長並不局限於這種天生的特質，專長也是可以透過後天培養的，而且，這種培養往往還能取得很好的效果。

在獲取專長方面，李開復也有自己的見解，他一直認為，所謂的專長，不過就是興趣加上足夠的努力。有了這兩個條件，那麼，你的專長也就有了。同理，如果你覺得自己一無所長，那麼一定是你還沒有發現自己的興趣所在，也從來沒有去努力過，而不是你天生就不如別人。明白了這個道理，很多事情就能迎刃而解了。我們不必再為自己沒有專長，沒有加分的亮點而發愁，只要細心發現自己的興趣，並沿著興趣的方向努力，

第一章　努力前，先找到方向

那麼，你也可以有一技之長，讓自己在各種競爭當中，多一個籌碼。在這方面，李開復的經歷是很能證明的。

李開復出生在臺灣，在中學時期去了美國留學。剛到美國的學校時，李開復很不適應，其遇到的最大的問題就是語言。李開復的英語不是很好，他無法跟同學們自由交流，更要命的是，李開復上課時聽不懂老師講課的內容，我們都知道，這種情況對於一個學生來說意味著什麼。那段時間，李開復非常消沉，他經常拿著武俠小說去課堂，這樣至少可以打發時間。

不過，李開復並沒有完全放棄，其實他的心裡是有一股衝勁的。這股勁既源於他不服輸的個性，又因為他有對新知識的渴望。那時李開復雖然還小，但他非常嚮往新的知識，對新的生活、新的環境、新的知識充滿了興趣。正是對新東西的興趣和一股不認輸的勁頭，給了李開復努力的動力。起初，他總是默默地背辭典，想透過這樣的方式認更多單字，讓自己的英語盡快好起來。但一段時間之後，李開復發現這種方法效果並不明顯，想要學好英語，語境是更重要的。

李開復體會到問題的根本之後，就開始朝著另一個方向努力了，每當下課的時候，他都主動跟同學們溝通，用笨拙的英語艱難地與別人對話，上課的時候，有什麼聽不懂的也總是舉手詢問。李開復的努力並沒有白費，他的英語進步很快，更重要的是，得到了老師的肯定。老師不僅經常誇李開復努力，還常單獨為他補習英語課程。

努力讓興趣成為專長

就這樣,憑著對知識的渴望和不懈的努力,李開復的英語成績大大進步。一年後,他就可以跟同學自由溝通,也完全能聽懂老師的講課內容了。

到美國的第二年,李開復參加了田納西州舉辦的學生作文大賽,竟然殺進了前十名,取得了讓人羨慕的成績。當學校公布這個成績的時候,所有人都非常驚訝,大家都沒想到,那個一年前還不怎麼會說英文的臺灣孩子,竟然在短短的時間內取得了如此大的進步,這不能不說是一種奇蹟。但這種奇蹟不是偶然的,它來自李開復對新知的渴求和不懈的努力。正是這種興趣和努力的結合,造就了李開復的成績,讓其最不擅長的英語變成了專長。

每個人都想擁有一技之長,用自己的專長引起別人的注意,得到別人的認可,為自己加分。但是,卻很少有人能夠為能使自己擁有專長而努力,歸根究柢,還是方法不對。我們總是只有願望而沒有行動,導致了那些美好的想法都只存留在心中,這是不行的,要透過自己的努力去實現才可以。

李開復教給了我們獲取專長的方法 —— 興趣加努力,接下來的事情,就要靠自己了,找到自己的興趣,用心去努力,不久的將來,必定能夠學有所長,為自己的綜合實力加分,也好讓我們走向成功的道路更加平坦。

第一章　努力前，先找到方向

▋有興趣的地方才有人生

熱情是成功的原動力，其來源只有一個，那就是興趣！

—— 李開復

現在是一個高速發展的社會，也是一個競爭異常激烈的社會。在現代社會中，很多人都覺得自己的生活很無奈，在種種無奈當中，有一種就是無法做自己感興趣的事情。我們總是以現實為藉口，為我們做的那些無趣的事情做辯解，其實這是不對的。在很多年輕人的眼中，興趣和事業兩者並無緊密的關聯，他們認為，想要成為一個成功的人，往往就需要拋棄自己的興趣，去做那些雖然不喜歡，但能夠讓自己走向成功的事。

關於這個問題，李開復有不同的看法，李開復始終認為，兩者並不是取捨關係，而是可以統一，甚至是應該統一的。在李開復的眼中，從事自己感興趣的事情，往往成功的機率會更大。如果經過仔細的分析，並結合李開復的人生路，我們會發現，他是對的。李開復確實就是沿著自己興趣的道路選擇人生的，他很成功，也很快樂，這是我們缺少的，也是我們要向他學習的地方。

在李開復的一生當中，有一個選擇是至關重要的，那就是選擇了電機領域，可以說如果沒有這個選擇，就不會有今天的李開復。而他的這個選擇正是基於自己的興趣，興趣為他提供

有興趣的地方才有人生

了動力,讓他肯去努力,進而取得了輝煌的成就。李開復一直致力於做年輕人的成功導師,他一直在倡導遵從內心的感受,從心選擇,在闡釋這些觀點的時候,他不僅會用自己的經歷作為佐證,也會講些其他人類似的成功案例。在因興趣而成就人生的方面,李開復曾經講過的一個小故事,很是值得人們回味。

李開復曾經講過兩個音樂家的故事,分別是韓德爾和巴哈。韓德爾小時候非常喜歡音樂,幾乎已經到了痴迷的程度,但是他的父親並不支持此一興趣,而是百般阻撓,因為他認為音樂家是一個卑賤的職位,他不允許自己的孩子從事這類職業。韓德爾的父親對韓德爾管教得很嚴,不允許他碰樂器,不允許他去上音樂課,哪怕是看到韓德爾在學一個音符,都會對韓德爾大聲喝斥。

面對來自父親的阻力,小韓德爾沒有妥協,反而有越阻攔越勇敢的趨勢。他背著父親偷偷練習管風琴,在興趣的指引下尋找著人生,最終,他成功了,成為一個音樂巨匠。

另一位著名音樂家巴哈的經歷也和韓德爾相似,不過他的阻力不是來自家人,而是來自窮困。巴哈從小就沒了父親,家境貧寒,沒有自立能力的小巴哈只能跟著自己的哥哥接受教育。哥哥沒有那麼多錢來供巴哈學習音樂,小巴哈的音樂之路,隨時都可能終止。15歲的時候,巴哈決定靠自己的努力,來完成自己的夢想、成就自己的人生。他步行三百多公里,來到呂內堡,參加了當地一個少年合唱團,靠著微薄的收入,一

第一章　努力前，先找到方向

邊養活自己，一邊鑽研音樂。最後，在興趣和熱情的推動下，巴哈成功了，他沿著自己的興趣找到了人生的方向，成了巴洛克時代最著名的音樂家。

這些人的成功經歷都證明了一個道理，有興趣的地方才有人生。因為興趣可以為我們提供動力，提供熱情，這些都是成功的必要條件，掌握了這些必要條件，自然就能得到自己想要的東西，而如果沒有，那麼就要走許多的彎路了。

對於現在的年輕人來說，最大的問題就是沒有看清興趣和成功的關係，往往都是下意識地認為只有做別人羨慕的事情，才能夠取得更多的成功，獲得更多的認可。其實這是不對的，真正的成功並不是比別人強，而是活出了自己，活出了不一樣的人生，在自己感興趣的方向上做到了最好。屆時，你所從事的就將是別人最仰慕的，做到了這點，才算是真正的成功。就像李開復一樣，他在選科系的時候，沒有選當時比較熱門的法律，沒把自己的人生定義為做一個受人尊重的律師，而是跟隨自己的興趣選了一個新興的科系 —— 電腦科學。但最後，他成功了，在他的領域內做到了最好，得到了人們的認可。我們都應該明白，李開復現在受到的稱讚，肯定是勝過一個優秀的律師的。這就是從心選擇的智慧，要記住，有興趣的地方才有人生。

興趣是熱情的原動力

有了興趣才能激發潛力，才能使自己樂在其中——唯此，一個人才能不斷取得成功，才能達到卓越的境界。

—— 李開復

很多年輕人都渴望成功，但能夠真正取得成功的卻不多，其原因各有不同，但不能堅持絕對是最普遍的一個。一般來說，堅持是需要一定的毅力的，只有意志力非常強的人才能夠一直堅持下去。這些人有足夠的動力，有渴望成功的心，這些都是支持他們堅持下去的理由。而在提供動力的因素中，興趣，絕對是非常重要的一個。可以說，從某種意義上講，唯有興趣，能提供持續的動力。這是李開復的觀點，也是他取得成功的一個重要因素。

李開復一直是以興趣為第一導向選擇自己的人生之路的，無論是學業還是事業，他都是這麼做的，而且取得了相當好的成績。李開復不僅自己如此，還經常教導年輕人要遵從內心的選擇，以興趣為導向，盡量選擇自己感興趣的事情去做。這是他對年輕人的指點，更是他自己堅信的觀念。李開復認為，熱情是成功的基礎，而熱情的最好來源就是興趣，只有興趣才能夠提供持久的動力，讓一個人對自己所做的事情保有熱情，最終走向成功。關於這一點，李開復還舉了很多的例子。

第一章 努力前，先找到方向

李開復曾講過一個有關比爾蓋茲的故事。比爾蓋茲曾經說過：「每天早晨醒來，我都會因為技術進步給人類帶來的發展而激動不已。」這是比爾蓋茲對自己內心情緒的表達，從這段表達當中，可以看出他對新技術的興趣，也正是因為這份興趣的支撐，他才能為人類的發展做出了不可磨滅的貢獻。

1977年，出於對軟體開發的熱愛，比爾蓋茲放棄了學業，走上了創業之路。

25年後，也就是2002年，比爾蓋茲又一次做出了讓人不太理解的行為，他放棄微軟CEO的職位，選擇了做一名軟體架構師。在一般人的眼中，比爾蓋茲的這種選擇是難以理解的，CEO的位置無疑能給人更大的發揮空間，而且比爾蓋茲一直做得很好，承受的壓力也不算太大。但他選擇了放棄，他的理由很簡單，就是興趣──他更喜歡做技術，因為那樣能給他帶來更大的熱情，讓他更快樂，那是他的興趣所在。而比爾蓋茲成為微軟的軟體架構師之後，也確實讓公司的技術有了很大的提升，更重要的是，他的這種快樂工作的精神鼓舞了很多微軟的員工，大家也都在比爾蓋茲的帶動下，更有熱情了。員工的這種工作幹勁無疑是任何一家公司都夢寐以求的。

而另一位軟體天才，也是linux系統的創始人林納斯・托瓦茲也曾表達過類似的觀點。托瓦茲出過一本自傳Just For Fun，在這本書中，出現次數最多的一句話就是：「一切只為樂趣。」書中明確說明，linux系統本身純粹就是為了滿足其個人喜好而

> 興趣是熱情的原動力

開發的。他的成功是興趣提供動力的又一佐證,不僅能給年輕人鼓舞,更是能給年輕人啟示。

各個成功人士的經歷都證明了李開復關於興趣提供持續動力的觀點,這不奇怪,因為這個觀點本身就是李開復透過總結自己和他人成功經驗而得出來的。身為一個渴望成功的年輕人,要做的就是跟著這些成功者的腳步,沿著他們的足跡前進。

我們要明白,想要成功很重要,知道如何成功更重要,但最重要的還是付諸行動並勇敢堅持。而堅持的動力,則是巨大的興趣。只有興趣才能夠激發我們的熱情,有了熱情才會有行動,才會有堅持。堅持住了,自然離成功就更近了。

李開復的成功是不可複製的,但其成功之路絕對可以借鑑,最好的借鑑方式就是培養跟他一樣的思維,像李開復一樣去思考,用跟他類似的方式獲得動力。這是李開復的成功之路給年輕人帶來的最大啟示。

人人都知道,成功需要不懈堅持,但只有李開復會告訴你,如何才能真正擁有這份堅持 —— 依靠自己的興趣為自己提供源源不斷的動力,是最簡單的辦法,也是最有效的辦法。

第一章 努力前，先找到方向

成功源於對興趣的堅持和堅守

年輕人應該努力尋找、培養對自己身心有益的興趣。只有這樣的興趣，才值得你去堅持；只有這樣的興趣，才能成為你最好的老師。

—— 李開復

很多人都是因為堅守住了興趣而成功的，他們按照自己的興趣進行選擇，最後取得了不俗的成就，這樣的例子很多，像牛頓、比爾蓋茲等都是如此。其實李開復也是這樣的一個人，他的成功也是源於其對興趣的堅持和堅守，而且，在各種場合中，李開復也一直在強調興趣的重要性。不過，李開復在強調興趣重要的同時，也對興趣進行了界定，他認為，興趣也是有好壞之分的。好的興趣可以讓一個人在取得成功的同時也造福他人，而壞的興趣則不僅無法讓人成功，還有可能為自己帶來危害。李開復覺得，個人的興趣不僅是一種愛好，有時候更是一種責任。

關於興趣，李開復曾說過：「興趣是有好壞之分的，正向健康的興趣能助你扶搖直上，不良的興趣則會將你推入萬丈深淵。」這是李開復的觀點，也是李開復對年輕人的勸誡。事實也確實如此，一個好的興趣，能夠讓你在體驗快樂的同時收穫成功，而像賭博、娛樂遊戲等興趣則可能毀掉一個人的一生，更重要的是，它可能對社會產生危害。興趣的選擇，能體現出一

> 成功源於對興趣的堅持和堅守

個人是否有責任心。

李開復也曾經沉迷於娛樂遊戲，大學期間，他經常打橋牌，還曾因此耽誤過正事。大二暑期，李開復接了一份案子，幫助法學院編選課系統的程式。李開復是程式設計高手，接到工作後他並沒有著急，覺得這份工作對自己來說應該是小菜一碟。他放鬆了對自己的要求，又由於沉溺於橋牌，在接到工作後，他並沒有馬上開始做，而是先瘋狂地打了三個星期的牌才開始設計程式。

開工後李開復才發現，這個程式比自己想像的要麻煩得多，需要花費大量的時間，由於開始得較晚，根本沒法像當初承諾的那樣，8月初就將程式寫完。於是，他向院長說想要延期，但肯定能夠在開學前完成。院長聽了十分生氣，直接說不再請他做了，並立即決定將這個工作交給承包商。

這件事對李開復影響很大。在當時，打橋牌和程式設計都是他非常喜愛的，可以說，兩個都是他的興趣，但他因為自己一個不好的興趣，而失去了院長的信任。經過這件事之後，李開復明白了一個道理，很多時候，選擇興趣不僅關乎自身的愛好，更關係到自身應承擔的責任。就像他喜歡打橋牌，這就是一種不負責任的興趣，不僅是對自己前途的不負責，也是對殷切期望他成長的家人的不負責，而且，還可能影響到自己的信譽。而程式設計本來是李開復的興趣，只是由於他沒有處理好程式設計和自己另一個興趣的關係，竟然讓自己在這最擅長的

| 第一章　努力前,先找到方向

領域蒙羞,實在是一種諷刺。

明白了這點之後,李開復毅然戒掉了橋牌,開始將所有精力都投入到自己喜愛的電腦事業當中,將自己從「墮落」的軌道上拉了回來。

李開復犯這個錯誤的時候在讀大學,那是一個年輕、有衝勁、易衝動的年紀。無論是誰,處在這年紀的時候都一樣。這是一個富有熱情的年紀,也是一個容易犯錯的年紀。處在這個階段的年輕人,想要少犯錯,唯一的途徑就是多思考。我們要搞清楚,自己的興趣到底是什麼,自己是否有對興趣擔責的意識。要明白,興趣是跟責任掛鉤的,我們要對家人負責,更要對自己負責。只有想清楚這些,自己的人生才能更加明朗,才更有可能走向成功。

第二章
成功的第一步：建立自信

每個年輕人都應該充滿自信，因為自信是成功的必要因素。

—— 李開復

第二章　成功的第一步：建立自信

▌自信是潛能的放大鏡

　　特別樂觀、特別自信的人總能不斷地從自己身上找到前進的動力，總能設法讓自己身體裡的潛能超水準地發揮和釋放出來。

—— 李開復

　　在通往成功的道路上，每個人都有遭遇挫折的時候，不過，面對這些挫折，有的人會越挫越勇，而有的人則會灰心喪氣，認為自己潛能不足，進而喪失鬥志。關於這種差異，李開復曾經做過明確的解讀，他認為後者就是一種不自信的表現。李開復曾說：「一個人的潛能和他表現出來的能力往往並不是1：1的關係。」大多數時候，都是潛能大於能力，但我們不自知罷了。而又由於這種不自知，讓我們陷入自卑，進而喪失了更多展現潛能的機會。

　　李開復是一個自信的人，他也希望人們能夠跟他一樣，變得自信，讓自己的潛能全部展現出來，甚至是放大自己的潛能。他認為，一個人只有擁有「放大」自己潛能的能力，才能夠完成更多的事情，而這種能力的來源，則主要靠自信。這不僅是他的觀點，更是他的親身經歷。

　　在李開復所寫的《做最好的自己》一書中，他曾提及這樣一件事情。他11歲那年，跟隨家人來到了美國，就讀於美國田

自信是潛能的放大鏡

納西州的一所天主教教會學校,在那裡上初中一年級。由於剛來美國,李開復一句英語也聽不懂。一次數學課上,老師問同學們「1/7」換算成小數是多少。李開復聽不太懂老師問的是什麼,但他認得黑板上寫的「1/7」,而且記得以前背過這個問題,就主動站起來答道:「0.14285714……」

當時,老師和全班的學生都很震驚,尤其是從來不讓學生背誦這些東西的老師,竟然將李開復認作是數學天才。

下課之後,老師找到李開復,鼓勵他去參加數學夏令營,並且想讓他幫助班上的其他同學學習數學,還說要送他去參加數學競賽。

老師和同學們的這種認可,是李開復從沒經歷過的,也給了他從未有過的自信。當時,李開復迫切地想把英語學好,因為只有學好英語,聽得懂老師的講課內容,才能夠接觸到更多的數學知識。李開復心裡也知道,自己在課上的回答並不是由於什麼天分,不過是因為之前背誦過相關內容罷了。但這種自信還是給了他很大的力量,讓他覺得自己在學習上有很多的潛能可供挖掘。最後,他終於在自信心的驅動下取得了成功,在英語和數學的學習上有了很大的進步,他還在全州的數學競賽中得了冠軍。

這件事不大,卻讓李開復明白了一個道理,自信就像一個放大鏡,可以「放大」一個人的潛能。想通這個道理之後,他也

第二章 成功的第一步：建立自信

變得更加自信了。在他後來的生活中，自信一直伴隨著他，為他帶來了很多的成就。

1993年，李開復在蘋果公司任職，當時的蘋果公司因為效益不好，正在大幅度裁員，搞得人心惶惶，大家都無心工作。可是，細心的李開復發現，公司當時有很好的多媒體技術，不過PC卻無法將這些技術充分利用到產品中。他還預測到，這些技術若應用得好，很可能會透過網路的傳播而成為主流。而且，這些技術再加上使用者介面的突破，也很可能成為以後公司業務的主流。

李開復體認到這些後，沒有多想馬上動筆寫了一份題為《如何透過互動式多媒體再現蘋果昔日輝煌》的報告，交了上去。他的自信讓他覺得，自己的這份報告肯定能夠得到高層的認可。

果然，李開復的報告引起了公司高層的注意。多位副總裁經過商議後決定，採納李開復的意見，發展簡便、易用的多媒體軟體，同時任命李開復為互動多媒體部門的總監。

這是一次帶有自薦性質的升遷，而李開復能夠在蘋果大幅裁員的背景下得到這次升遷，靠的就是他的自信。如果沒有自信，而是跟其他同事一樣，消沉、懈怠，那麼李開復是不可能獲得這個機會的。在整個過程中，自信就像一個放大鏡，幫助李開復「放大」了潛能，拓展了他的舞臺。

李開復在職場中遇到的問題，其他人也會遇到，但因為沒

有自信,很多人都在困難面前倒下了。他們缺乏自信,沒有那個能夠將自己的潛能進行「放大」的放大鏡,自然也就無法讓潛能加以發揮。

想要成功並不難,從某種角度上講,擁有足夠的「自信」就可以了。對自己有清晰的認知,對困難有足夠的了解,再經過一番思考,自然就有戰勝困難的信心了。很多時候,真正阻擋我們的不是困難,而是自己那顆不自信的心。

▎別讓自卑埋葬了你的競爭力

如果你有自信,它會在無形之中釋放出能量,推動你走向成功;如果你自卑或恐懼,它也會在無形之中釋放出能量,導致你走向失敗。

—— 李開復

當今這個多元化的社會發展極其迅速,在這樣的環境中,想要生存就要有很強的競爭力,一個沒有競爭力的人,是很難成功的。現實中,很多人都懂得這個道理,明白要有競爭力才能生存得更好,可是對於如何獲得競爭力,什麼叫作競爭力,人們卻往往不甚了解。關於競爭力的問題,李開復有很多獨到的見解,他認為,想有競爭力,首先要有自信。

嚴格來說,自信並不能算是一種具體的競爭力,但是自信

第二章　成功的第一步：建立自信

可以幫助一個人獲得更多的機會，能讓年輕人有更好的成長，幫助年輕人迅速提高競爭力。而一個人如果沒有這份自信，往往就會消極懈怠，變得越來越頹廢，慢慢地，原有的競爭力也會打折扣。所以，從某種意義上講，沒有自信，就等於埋葬自己的競爭力。李開復就曾在他的書中講過這樣一個故事。

1993年的時候，蘋果公司遭遇了經營危機，公司大股東曾一度想出售公司，而IBM也是蘋果公司的買家之一。就在這個時候，蘋果公司的高階主管史考利（John Sculley）私底下跟IBM進行了接觸，想要跳槽到那邊，擔任CEO一職，遺憾的是，他最後沒有拿到這個職位。而同時，蘋果公司知道這件事情之後，認為史考利選擇在這個時間點去IBM公司面試，是跟蘋果公司的利益有衝突的，而將其解僱了。

史考利走了之後，蘋果公司任命斯平德勒（Michael Spindler）接任史考利的職位，任CEO，掌管公司的營運。斯平德勒是一個大塊頭的德國人，身材魁梧，長相粗獷，一看就是個很有魄力的人。事實上，他在之前的職位上也確實做得很好，這也是公司挑選他來擔任CEO的原因。而當時，李開復他們也對這個大個子主管充滿信心，覺得他的到來會讓公司的頹勢有所轉變。

很多人都沒想到的是，原本能力很強的斯平德勒自從當上CEO之後，竟然變得沒自信了。在公司裡，斯平德勒一直是以口才好著稱的，但成為CEO之後，每次上臺超過十分鐘，他就

別讓自卑埋葬了你的競爭力

會渾身是汗,給人的感覺是他很緊張。更糟糕的是,上臺前如果沒有預演,斯平德勒的思路就會很亂,說話前言不搭後語,讓聽的人一頭霧水。他不僅上臺做報告如此,平時工作也一樣。每當遇到麻煩事的時候,斯平德勒都會趴在桌子上面,兩手抱著頭,臉上則是一副非常痛苦的表情。而且,由於工作壓力太大,斯平德勒還得了心臟病和恐懼症,每天上班的時候都要帶著測心率的儀器,把自己弄得非常狼狽。

由於受不了長時間的折磨,斯平德勒最後主動離職了。走的時候,他留下了一句非常悲傷的話:「離開這個讓我又愛又怕的地方之後,我相信我將重新變得完整。」

能夠被任命為 CEO,斯平德勒的能力是毋庸置疑的,但他在實際擔任蘋果 CEO 的那段時間裡的確表現得狼狽不堪,讓他的手下們很是失望,自身也受盡了折磨。造成這種情況的根本原因,正是他丟失了自信心。透過李開復講述的這個故事,我們看到,一個人如果失去自信會變得多麼狼狽。即使原本很有成就,很有地位的人也是一樣。

我們都相信,斯平德勒是有能力的,而且,他的能力不會因為受到提拔、成為蘋果的 CEO 而消失,但他在新職位上的確沒能把這份能力表現出來。他的沒自信,致使他的能力發揮不出來,原本擁有的競爭力也就沒有了。可以說,正是斯平德勒的自信缺乏埋葬了他的競爭力,他才成為人們哀惋嘆息的對象。

037

第二章　成功的第一步：建立自信

　　信心是重要的，更是必需的，一個人如果有了自信，那麼原本辦不成的事情也可能順利辦成。而沒有了自信，原本很輕鬆就能做到的事情，也可能會造成你的麻煩。我們要做的就是增強自己的自信，讓自己的競爭力變得更加強大，不要讓自卑埋葬自己的競爭力。

▍自信是資本，自大是累贅

　　自信的態度，與偏執、不允許自己犯錯、以自我為中心、失去客觀立場等做法是不能畫等號的。

── 李開復

　　自信是一種優良的特質，它不僅能夠助人獲得成功，還能幫人提升品格。現實中，很多人都知道自信的重要性，他們也追求自信，卻往往不得要領，最後成了自大，這就得不償失了。自信和自大有本質上區別。自信是一種成熟的狀態，一般來講，自信的人都比較勇敢、有衝勁，他們勇於嘗試新鮮事物，並有毅力將其做好，在做事的過程中，對細節有足夠的重視，也往往能夠取得成功。而自大則不然，自大的人通常眼中只有自己，看不見別人，他們也相信自己能夠做好一件事，但在做事的過程中常常粗心大意，錯過最佳時機，最後導致失敗。

　　每個人都希望自己擁有的是自信，而不是自大，但很多時

候,自信和自大只有一線之隔,很容易就被人們混淆,進而帶來不必要的麻煩。在這一點上,不僅普通人有類似的經歷,李開復也有。

在李開復5歲的時候,有一天他突然跟媽媽說不想再讀幼稚園了,想去上小學。媽媽對年幼的小開復說,再等一年你就可以上小學了。但小開復對媽媽的回答並不滿意,自信滿滿地說「讓我自己考怎麼樣?考上了就讓我上小學!」

幾個月後,媽媽託人讓年紀不夠的李開復參加了考試,結果李開復很爭氣,考了個第一名,也順利地上了小學。這件事給小小年紀的李開復很大的鼓勵,使他信心倍增,但自信的同時,他也開始驕傲了。

正式上小學幾個星期後,一位阿姨來李開復家做客,問他成績如何,小小年紀的李開復仰著頭,大剌剌地說:「我都沒見過99分長什麼樣!」驕傲的不得了。就在這件事發生後的第二個星期,李開復的學校舉行了一次考試,結果他拿了90分。媽媽看到李開復的成績單後,二話沒說,拿起竹板就將他打了一頓。被打後,李開復哭著問為什麼打他,媽媽告訴他:「打你不是因為你的成績不夠高,而是你驕傲、自大,你說『沒見過99分長什麼樣』,那就每次都考100分啊⋯⋯」

兒時的事情對李開復影響很大,透過這件事,他明白了自信和自大的區別。他體認到,了解自己的實力足以跟大一歲的

第二章 成功的第一步：建立自信

孩子一起考小學，那是自信；而盲目吹牛說「沒見過 99 分長什麼樣」就是自大了。自信與自大只差一個字，但差異明顯，一個可以讓你完成更多事情，另一個則會讓你出醜，甚至阻礙你的進步。

道理很簡單，明白道理的人也很多，但真正能夠將道理實踐的，恐怕就寥寥無幾了。而李開復就是一個懂得並能夠實踐的人。這不僅得益於小時候媽媽的教誨，更是因為他懂得從別人的身上看到自己的缺點。在自大方面也一樣，他總是能夠從自大的同事身上取得教訓，然後嚴格要求自己。

李開復曾經講過一個真實的故事。他有一個同事 E 先生，人很聰明，能力也很強，不過這個人有一個致命的缺點，就是自大。E 先生非常相信自己的能力，在他眼裡，自己不管做什麼都是正確的，這個習慣帶給了他很多的麻煩。

E 先生在工作中態度狂妄，總覺得自己是對的，要求每個人都根據他說的做，一旦別人有不同意見，他就非常不開心。而且，如果事後證明他對了，他就會跟每個人都說一遍，他早就意識到這個問題了。更要命的是，有時候他明明沒有預料到，也會跟別人說自己當時就說應該這樣。不過真正讓他不得不離開公司的是他從不認錯，一旦證明他之前的某句話是錯誤的，他就開始耍賴，不是不承認就是顧左右而言他。

起初大家也能夠體諒他，但時間久了，就沒人再相信他

了。雖然他的正確率可能有95％，但其狂妄的態度和他永不承認的5％錯誤，讓他失去了公信力，他最後只能灰頭土臉地離開。

同事E先生的離開帶給李開復的不僅是失去一個工作夥伴，還有更多的啟示。他看到了同事身上的缺點，並引以為戒，告訴自己要有自信，但不能自大。也正是因為他擁有這種特質，後來才會有如此出色的成就。

我們要學習李開復的這種特質，更要學習他的思考方式，要從李開復身上看到，如何讓自己擁有真正的自信，並遠離自大——這才是問題的關鍵。我們也要像李開復一樣，看透事情的本質，再去決定自己的行為。想要成功，就從現在開始，培養自己的自信，增加資本；摒棄自大情緒，丟掉累贅。當我們擁有了資本而又扔掉了累贅之後，就可以在通往成功的道路上一路飛奔了。

學會自我激勵

千萬不要小看自己，千萬別讓自信從身邊溜走。

——李開復

我們都知道自信的重要性，明白這是一種競爭力，更是一種力量，但對於如何獲得這種重要的力量，卻往往不甚了解。

第二章　成功的第一步：建立自信

在這方面，李開復有很多的經驗，他曾在演講中說，想要自信很難，但也很簡單。難在很多人心中的自卑已根深蒂固，幾乎成為一種潛意識了，很難改變；簡單在於無須別人幫助，只要有決心、有定力，自己就能夠讓自己變得更加自信。

李開復曾經提出一種方法，他認為如果按照這種方法去做，一個人就可以變得更加自信，這種方法就是自我激勵法。這個方法很簡單，就是不要跟自己說「我很差」、「我不行」、「我做不到某事」等，應該經常跟自己說一些鼓勵的話，比如「我可以」、「我是最棒的」、「我只要……就一定能做成這件事」等等。

這種做法看似簡單，甚至看起來有些無聊，但其作用是不可小覷的。李開復曾在他的書中舉過一個例子，說的就是自我激勵的作用。他說，有一位著名的足球教練，經常訓練自己的球員，讓他們學會自我激勵。教練要求每個球員在大賽之前都要回憶自己做過的最得意的事情，比如某次比賽的某個進球，或者某次比賽中自己曾做出的一個非常漂亮、非常有殺傷力的動作。那位教練認為，在回憶這些事情的時候，球員們很容易進入曾經的情境當中，找回那時候的心理狀態。那種狀態可以讓一個人的大腦產生興奮，讓人的神經更加亢奮，自信滿滿，進而提高自身的競技狀態。教練正是透過這種非常簡單的做法，讓自己的球員們在每次比賽前都能找到自己最好的狀態，充滿自信，也讓他們的球隊取得了不俗的成績。

這位足球教練可謂掌握了自我激勵的精髓，他明白人的思

考方式,並積極利用這種思考方式,用最簡單也最有效的方法幫自己的球員調整自己、找回自信。他的做法和李開復教給大家的自我激勵法可以說是異曲同工的。

人往往就是這樣,很容易被一個環境所感染,進而產生與那個環境相適應的情緒來。就像我們在聽一個人講述他經歷的痛苦的時候,總會產生悲傷的情緒;而一個人與我們分享其成功的喜悅的時候,我們也會異常激動。這是人的正常反應,而如何看待或者說運用這種反應,就成了判定一個人能否成功的標準了。聰明者如李開復那樣,可以為自己營造一個氛圍,由此產生相應的情緒。他們經常對自己說一些激勵的話語,讓自己的情緒高昂起來,然後以更大的熱情投入到事業當中,這份熱情是他們的動力。

這就是自我激勵法的精髓。它並不如有些人的想像的,是自己欺騙自己,它是調整情緒,讓自己達到更好的狀態,狀態好了,自信有了,那麼做事的成功率自然就更高了。由此也可看出,很多時候,自信並不難,我們無法獲得自信,不過是自己的內心對自信缺乏一種強烈的渴望,因而容易隨波逐流,結果錯過了很多的機會。這些機會的失去,又會讓我們的情緒變得低落,進而更加沒自信。這是一個惡性的循環,但並非牢不可破。我們要做的就是依靠自己的努力,打破這種循環,充分整頓自己的情緒,把情緒調整好了,自信自然就有了,事情就更容易成功了。

第二章　成功的第一步：建立自信

　　我們沒有李開復的成就，但我們可以擁有和他一樣的思維，掌握了這種思維，未必能夠超越李開復，但至少會比現在的自己更成功，這是榜樣的力量。我們要學習的不是李開復曾走過的路，而是他選擇道路的方式。如果真正能夠像李開復一樣思考，做出與他相近的選擇，那麼，即使不能夠取得特別輝煌的成績，至少也會獲得身邊人的認可。想要做到這些，首先要有的就是自信，而自信並不難，常常運用自我激勵的方法，我們就能逐漸擁有自信。

要自信，也別忘了謙虛

　　怎樣成為 21 世紀的人才？首要條件是自信中不失謙虛，謙虛中不失自信。

―― 李開復

　　自信是一種狀態，更是一種精神。一般來講，自信的人情緒往往更正向，對事情的掌握也更精準，與自信的人共事，你會覺得更安心。不過，在大多數人眼中，自信的人往往都比較孤傲，是不太好相處的，至少不夠隨和。其實，這種自信是不正確的，如果一個人真的給你這種感覺，那就說明他的自信是有問題的，肯定夾雜著一點點自大。

　　一個真正自信的人，其骨子裡必定會有一份謙虛。自信和

> 要自信，也別忘了謙虛

謙虛的內在是一致的，在邏輯上有共通性。關於這點，李開復說得很明白，他說想要成功就得「自信中不失謙虛，謙虛中不失自信」，只有做到兩者結合，才能夠讓自己發揮更大的能量。

我們要明白，自信不是自大，不是盲目地認為自己能夠成功。自信是一種綜合的判斷，是基於透澈了解的全面分析總結。自信的人面對一件事情，會先蒐集各種數據，然後進行細緻的分析，找到解決方法，這之後才會展示出那種自信的狀態。我們可以肯定，一個肯這樣做的人，必定是謙虛、嚴謹的。所以，我們可以說自信支撐謙虛。

同樣，一個謙虛的人必定也能夠做到自信。謙虛並不是妄自菲薄，而是一種對未知的尊重。一個真正謙虛的人，不會認為自己沒有足夠的能力，他們謙虛是因為覺得某件事情可能還會存在自己沒有想到的可能性。他們相信自己的判斷，但認為可能還會有自己沒有預料到的情況，因此才會謙虛。這麼做是為人嚴謹的一種表現，是對解決問題思路多樣性的一種尊重。這樣的人，必定是自信的，因為相對於狂妄的人來說，他們思考得更多，有更多的選擇，所以，他們有自信的資格。因此說，謙虛可以昇華自信。

以上就是李開復對於謙虛和自信的理解，他也一直是用這種準則來要求自己的，因為他看過太多只有盲目自信，沒有半點謙虛精神的人的失敗案例了。其中一個案例還是他曾經的長官的經歷。

第二章　成功的第一步：建立自信

　　吉爾·阿梅利奧（Gil Amelio）曾經做過蘋果公司的CEO，他上任的時候，正是蘋果公司的危險期，他的前任斯平德勒因為不夠自信，無法應付局面，主動退出了公司。斯平德勒走後，阿梅利奧就上任了。

　　阿梅利奧的名氣很大，他曾經拯救過國家半導體公司，當時的蘋果也正是看中了這一點，才聘請他來擔任CEO的，但阿梅利奧最終並沒有做好。

　　剛上任的時候，阿梅利奧的助理就幫他設計了形象，想讓他以一種比較親民的形象出現。對於助理的建議，阿梅利奧很配合，他上任後不久，聽說李開復的部門要開大會，一共有上百個員工參加，就跟李開復說給他留出15分鐘的時間，他要做個演講，給員工打打氣。聽到這個消息之後，李開復很開心，他覺得阿梅利奧很親民，心中對公司的未來不禁充滿了希望。

　　李開復他們開會的當天，阿梅利奧依約來到了會議室，並發表演講，他信心滿滿地跟在場的人說：「你們不用擔心，比這更糟糕的公司我都挽救回來了，給我100天的時間，我就能讓公司大不相同……」儼然一副救世主的樣子，不過他的這份自信確實給員工們帶來了希望，大家都盼著公司好轉的那一天。

　　會議結束後，李開復陪著阿梅利奧走出了會議室，這時候，阿梅利奧才表達了自己的真實想法，他帶著傲慢的神色對李開復說，蘋果太沒有紀律了！李開復聽了很氣憤，同時心裡

也有了一種不祥的預感。

果然，沒過多久阿梅利奧就暴露了自己的性格，他完全不把別人放在眼裡，從來不聽員工的意見，一味我行我素。結果，當他制定出自己認為滿意的計畫時，麻煩來了，沒有人願意配合他，更沒人喜歡和他共事。

最後，阿梅利奧沒有實現他曾經的豪言壯語，而是灰頭土臉地走了。他的狂妄讓他變成了孤家寡人。這就是只有自信沒有謙虛的後果，阿梅利奧只能看到自己，看不到他人，不懂得尊重別人，最後受傷害的只能是他自己。因為他不明白，一個真正自信的人是必定要有謙虛來支撐的。

李開復將這些看在了眼裡，更是記在了心裡，這是他在別人身上學到的寶貴經驗。想要成功的人，要做的就是吸取前人的經驗，化為己用，讓自己在成功的道路上少走彎路。

相信自己，並堅持下去

> 每個年輕人都應該充滿自信，因為自信是成功的必要因素。
>
> ── 李開復

日常工作中，我們總會遇到各式各樣的問題，面對這些問題，每個人都有不同的應對方法，方法得當就能解決問題，取得成功，而方法不當，往往就會面臨失敗。在總結經驗的時

第二章 成功的第一步：建立自信

候，人們常常認為，自己曾經採用的方法是決定性因素，其實，這是不準確的。方法固然關鍵，但更關鍵的是如何找到這些方法，能找到正確方法的能力，才是根本所在，而要獲得這種能力，就要看是否有自信了。一個有自信的人，對事情的各個方面、各種決定因素有清楚的認知。他們在策略上更有優勢，有了這種策略上的優勢，自然就能想出好的解決辦法。

有了辦法之後，就要看戰術執行的問題了，在策略上有優勢的人，其執行具體戰術的時候，肯定也會更加順遂，因為他們本身的位置就比其他人高。因此，我們可以說，自信能催生好的策略，而好的策略在執行的過程中會更加順利。同理，對策略的自信，也可以帶來戰術上的自如。在這方面，李開復做得很好，他在Google公司工作的時候，就曾因為有策略上的自信而取得了成功。

2006年，李開復被任命為Google中國的負責人，他的任務是帶領手下的團隊，開發Google中文搜尋。

Google是世界上最大的搜尋引擎，不管是網頁搜尋還是地圖搜尋，它都是全球最強的，而李開復他們的任務就是將這些強大的功能複製到中國來。在團隊建立之初，李開復的員工就非常激動，他們都急著直接複製Google的強大功能，在中國網路掀起一場風暴。一時間，整個團隊都處於亢奮之中。

但是，身為團隊領袖的李開復並沒有他們那麼激動，因為他想得更多。經過調查，李開復發現，不管是文化還是國情，

> 相信自己,並堅持下去

中國都跟其他地方有很多不同,如果不搞清楚這些不同點,而只是單純進行複製,結果很可能跟剛開始的想像相反。

認定這一點之後,李開復定了基調,他們的首要任務並不是將 Google 的各種強大功能直接複製過來,而是先提高 Google 中文的搜尋品質,這是基礎,也是必需。定下這個基調之後,李開復引導團隊,讓大家都認同這個策略。接下來,就是全面的調查研究了。有了各種數據之後,李開復覺得,在策略上已經沒問題了。

達成共識之後,李開復飛回美國,開始向總部彙報。開始演講前,他對 CEO 說:「我們的策略就是專注於網頁搜尋,不放過任何一個細節,並以此為基礎贏得客戶,之後再推廣其他產品。」李開復的演講很成功,CEO 非常贊同他的觀點,並給予他很大的鼓勵。

回到中國後,李開復立即投入工作,帶領整個團隊進行調查、研發等工作。不管是什麼樣的團隊,分歧總是會有的,李開復他們也一樣。在工作中,經常有同事向李開復建議,將 Google 地圖等強大的功能先應用到 Google 中文上,藉此來征服使用者。但李開復總是向他們說不,並且堅定地告訴同事:「做好搜尋後再說!」李開復一直堅持著自己當初制定的策略,因為他對自己的策略有著絕對的自信。

經過艱苦的努力,李開復他們成功了。Google 中國在李開復的帶領下做得很好,他們根據中美使用者的不同,對很多地

第二章　成功的第一步：建立自信

方進行了修改，以適應中國使用者的使用習慣。Google 搜尋的市場占有率也在 2007、2008 兩年有了大幅提升，體現了中國使用者的認可。

李開復他們的做法無疑是對的，而這種正確，正是基於李開復對自己制定的策略有自信，正是這種自信，讓他一直堅持著自己的理念，又在戰術上有很大的彈性空間，最終取得了成功。

很多時候就是這樣，最大的問題不在於選擇的策略是不是最好的，而在於是不是唯一的，是不是能夠堅持執行。只有相信自己的策略，並一路堅持下去，才能夠取得最大的成功。如果對自己的策略不夠自信，在操作的過程中總想修改或者換掉，不僅浪費了時間更會錯過很多機會。而且，這種朝三暮四的做法，也會為執行過程中所應用的戰術帶來很多不確定性。李開復對自己的策略有足夠的信心，並堅持了下去，所以他成功了。我們想要得到像他一樣的成功，也要學習他的這種精神，在策略上有一定的自信，這樣戰術執行才能順利，成功的機率才會更大。

在成功中得自信，在失敗裡獲自覺

一個自信和自覺的人，能勇敢地嘗試新的事物，並有毅力把它做好，會在成功裡獲得自信，在失敗裡增加自覺。

—— 李開復

> 在成功中得自信，在失敗裡獲自覺

每個人都渴望成功，這是人的共性，也是一個人積極進取的表現。不過，更多的人都把眼光放在了大的成功上，而忽略了小的成功，這就不太合適了。事實上，小的成功也是非常重要的，它不僅能讓我們看到別人對我們的肯定，還可以為我們提供自信。同樣，小小的失敗也是對我們非常有益的，這些小的失敗可以為我們提供一種警醒，讓我們看到自己的不足，如果將每次小失敗中展現的不足都改掉，那麼，我們離成功的距離就更近了。真正有潛力的人，是那種能夠在成功中獲得自信，在失敗裡獲得自覺的人。做到了這兩點，那麼，成功就指日可待了。在這一點上，李開復的經歷很能作為例證。

李開復剛進微軟公司的時候，跟同事們的工作溝通都沒有問題，但在比爾蓋茲面前，總是表現得很緊張，不太敢講話。

有一次，微軟公司要改組，比爾蓋茲召集了十幾個人開會，他要求每個人都必須發言。李開復也在這十幾個人當中，他當時想，既然每個人都要講，誰也逃不過去，不如就把心裡話說出來。於是，輪到他的時候，李開復鼓足勇氣跟比爾蓋茲說了自己的真實想法。他說微軟的員工智商比其他公司高，效率卻非常低，就是因為公司整天改組，搞得大家都把精力用在了應付改組的事上，從而影響了效率……

李開復說完之後，整個會場一片寂靜。會議結束之後，很多同事都寄郵件給他，說他膽子大，說出了大家想說而又不敢說的話。而且，比爾蓋茲不但沒有生氣，還接受了李開復的意

第二章 成功的第一步：建立自信

見，並將他的原話轉告給公司的各個副總裁，勸大家不要將精力用在應付改組的事上。

這件事對李開復的影響很大，從那以後，他不僅在比爾蓋茲面前敢說話了，在其他場合中也再沒有緊張過。他透過自己的這一小小成功找到了自信，更獲得了成長。這份自信在他之後的生活中也發揮了很大的作用。

李開復不僅能夠從成功中獲得自信，更是能從失敗中得到自覺。李開復曾經在SGI公司帶領過一個兩百人左右的團隊，研發最先進的動畫技術。他們做出的產品很漂亮，但在研發過程中完全是按照自己的想法做的，沒有考慮使用者的感受，結果銷售的時候遇到了麻煩，最終導致專案被取消，技術也被公司賣給了別人。

這是一次失敗，但李開復能記取失敗的教訓，從中獲得自覺。幾年後，他來到微軟公司，發現自己剛接管的部門中，有一個專案在方向上有一定的偏差，跟他之前犯的錯誤一樣，完全沒有考慮使用者的感受，於是，他馬上停止了專案，避免了損失。從這個小故事中我們可以看出，李開復的成功是有其必然性的。在SGI的經歷無疑是失敗的，但他卻將這種失敗化成了自己的財富，從中找到了自己需要改變的地方，以避免出現同樣的失敗。

我們都想成功，卻好像很少想如何才能成功。其實很多時

> 在成功中得自信，在失敗裡獲自覺

候，成功也不需要很多條件，有足夠的自信和自覺就可以了。我們要做的就是感受每一次小成功的喜悅，從中發現自己的優點，找到自信，並努力在以後的日子中把它放大；面對失敗的時候不要氣餒，而是進行檢討，找到失敗的原因，從失敗中獲得自覺，避免以後犯同樣的錯誤，將自己的壞毛病改掉。如果能夠堅持這樣做，那麼你的優點將會越來越多，缺點也會越來越少。屆時，成功對你來說也就不是什麼難事了。

我們要做的不僅僅是了解李開復的成功故事，還要學習他的成功經驗，更要從其行事風格中獲得靈感，化為己用。只有這樣，我們才有可能成為像他一樣成功的人。

第二章　成功的第一步：建立自信

第三章
機遇只屬於行動者

要把握轉瞬即逝的機會,就要學會說服他人,向別人推銷自己,展示自己的觀點。

—— 李開復

第三章　機遇只屬於行動者

▎不迷戀安穩的工作

現代社會需要積極向上、勇於參與、勇於接受挑戰的人。

―― 李開復

很多人都想成功，但實際選擇的時候卻又總是求穩，這是矛盾的。穩定的工作可以帶給人更多的安全感，但同時，這種缺少變化的環境也容易消磨一個人的鬥志，讓人變得平庸。更嚴重的是，日復一日地做同一件事情，是很容易產生厭煩感的，這種對工作的厭煩感往往會延伸到生活當中，進而讓人喪失對成功的渴望，這是極其可怕的。

李開復覺得，一個人想要成功，想要實現自我，就要有一股衝勁，要懂得積極主動地爭取，要對穩定的現狀保持警惕，有一種警覺的意識，只有這樣，才能夠讓自己保有熱情，去做更多、更大、更能實現自己價值的事情。

李開復是這麼說的，也是這麼做的。博士畢業之後，李開復選擇了留校任教，擔任副教授，根據卡內基‧梅隆大學的制度，李開復任職副教授幾年之後，就可能得到終身教授的位置。這是一份穩定的工作，也符合李開復的初始設想，不過漸漸地，他開始感覺到迷茫了。

按李開復的預設，教職應該就是以研究為主的，整天跟各種數據打交道，但他卻受到很多「非學術」問題的困擾，要拉

經費,要參加各種與學術無關的討論會議等。更重要的是,他感覺不到變化,彷彿每天都在做同一件事情,日子過得非常平淡,這份平淡為他的生活提供了保障,但同時也讓他感到一種莫名的焦慮。

有一天,李開復突然接到一通電話,對方沒有講明身分就直接跟他說:「開復,我知道你。現在蘋果公司的兩個副總裁想延攬你了,他們覺得你應該出來做真正的產品,而不是研究數據,想要和你談一談。怎麼樣?有興趣嗎?」

放下電話後,李開復心裡很激動,他隱約感覺到,應該考慮「衝出圍城」了。1990年的某天,李開復來到了位於加州矽谷的蘋果公司總部,接見他的是蘋果的兩位赫赫有名的副總裁。其中,戴夫跟李開復談了很多,最後還邀請李開復去他家做客。在交談的過程中,戴夫跟李開復說了找他來的原因。蘋果當時正在做 Mac III,想要把語音辨識這一塊分離出來,而李開復正是這方面的專家,所以想要他加入蘋果。

戴夫為李開復描繪的前景是美好的,也是廣闊的,但李開復心裡明白,這美好的前景也是充滿了挑戰的,如果成功,一切皆好,萬一失敗,自己將失去很多。最重要的是,他出來後,就再也不可能回去了。不過,最後李開復還是決定加入蘋果,因為戴夫的一句話「擊中」了他。戴夫在談話的最後說:「你是想一輩子寫一堆像廢紙一樣的學術論文,還是想要來真正地改變世界呢?」

第三章　機遇只屬於行動者

　　對李開復來說，這句話是足夠震撼的，促使他離開安穩的環境，去迎接新的挑戰。事實證明，李開復的選擇是對的。

　　李開復是成功的，他的成功離不開其一次次的正確抉擇，在每次面臨重大的選擇問題時，李開復都給出了正確答案。這是一種能力，這種能力來自內心，更來自他主動積極的性格。如果沒有勇敢的、積極的進取精神，沒有迎接挑戰的勇氣，那麼，李開復現在可能會是一個大學教授，整天過著懶散的日子，沒有機會體驗波瀾壯闊的人生，更沒法擁有一次次的成功經歷。

　　李開復是年輕人的導師，是年輕人要學習的對象，但其值得學習的地方不是他的做法，更不是他的經歷，而是他的精神，在李開復身上，勇敢迎接挑戰的精神，才是最可貴的，最值得學習的。想要成為李開復那樣的人，就要具備相同的思考方式，只有這樣，才能夠保證自己在面臨選擇的時候也能夠做出正確的決定。

　　一個成功的人，在面臨選擇的時候，肯定會選自己未曾經歷過的那一個，這是一種勇敢，更是一種智慧。只有勇於探索未知，不迷戀安穩的工作，才有可能獲得更多的機會，成就更大的事業。

抬起頭來努力，發現機會

> 機遇來臨時，要積極把握；尚未看到機遇時，要時刻準備，保持警覺。
>
> —— 李開復

大多數年輕人都在為成功而不斷努力著，但往往收效甚微。處於這個階段的人們，常常會表露出一種頹廢，認為自己命不好，滿腔抱負無處施展。其實，這是沒有必要的，也是不應該的。我們要意識到，成功並不是一件容易的事情，要成功必須要努力、付出，但並不是每個人的努力、付出都能換來成功，如果努力的方向錯了，那麼不但沒法成功，反而可能導致失敗。

在這方面，李開復有很多的經驗，他認為，想要成功，努力和付出是必不可少的，但還要懂得如何努力，如何付出，更重要的是，要了解什麼樣的付出才是有價值的，什麼時候的努力效果是最好的。李開復的觀點是：努力付出的時候不應該是埋頭付出，而是要抬頭付出。

李開復所說的抬頭付出是指不要悶著頭做事，還要了解周圍的情勢，保持一定的警覺度，要在努力的同時發現機會，並把握機會，只有這樣，成功的機率才會更大。而關於這點，他的一段經歷很能說明。

1977年，李開復參加了一個「高中學生創業嘗試」的課程。課

第三章　機遇只屬於行動者

程的內容是學生們在企業的輔導下建立自己的公司，學習和體驗商業執行方式。這一年，李開復被選為負責銷售的副總裁。他們選取的專案是鋼材加工，將鋼材做成一個個用來扣餐巾的圓環。大多數學生負責生產，而李開復則主要說服家長們來買產品。

在整個過程中，李開復很努力，但效果並不是很好，雖有盈利，但不高。不過聰明的李開復從中悟出了一個道理，產品必須是有銷售通路的，真正的好產品不應該是你求著人家買，而是別人懇請你賣給他。

1978 年的時候，有了更多想法的李開復決定再參加一次「高中學生創業嘗試」，他主動競選總裁，向同學們分享了自己之前的發現，最後成功當選。這一次他總裁當得很成功，也讓他學到了更多的東西，更重要的是，他明白了，很多事情是要自己勇敢爭取的。而且，他也練就了一雙慧眼，平時總是盯著各種商機，思索如何做生意。

就在同年，李開復就讀的學校決定，縮短午餐時間，規定公告之後，同學們非常氣憤，發牢騷，向校方抗議，但校方根本不聽。很多同學都積壓了一肚子的怒氣，可是校園內沒有媒體，學生們找不到發洩的管道。李開復也跟同學們一樣，對這件事表示憤慨，但他不像別人那樣，只知道憋在心裡，而是想出了辦法，並將之做成了生意。

李開復聯合了平時跟自己非常要好的同伴，訂製了一批 T 恤，背上印著「延長午餐時間」等標語。T 恤印出來之後，他

們就開始分頭銷售，且業績不俗。雖然過程中也出現了一些問題，但整體而言，李開復的這一次創業還是非常成功的。他透過這一次行動，實現了由別人贊助支持到完全自主創業的轉變，對於一個中學生來說，這是非常了不起的。而這一切，當然都是由於他的警覺心，他能夠注意到機會的到來。

李開復之所以能夠成功，原因就是他身上有很多人沒有的特質，警覺心就是其中之一，正是因為有這份警覺，他在人生的各個階段都能夠抓住機會，從而完成別人做不來的事情。這是年輕人應該學習的地方，學習他不僅努力，還能夠保持一顆清醒的頭腦，在努力的過程中能夠不斷審視周圍，發現機會，並把握住機會。

成功是需要努力的，但更需要抬起頭來努力，在付出的同時，更要保持警覺，只有這樣我們的付出才有意義，才能夠換來應有的回報。這是李開復的成功經驗之一，可以幫助想成功的人少走彎路，是年輕人必須學習、掌握的。

有些機會是「自找」的

當機遇尚未出現時，除了時刻準備之外，也可以主動為自己創造機遇。

—— 李開復

第三章　機遇只屬於行動者

人人都渴望成功，但真正的成功者永遠都是少數，究其原因，是大多數人都不能有效把握機會，能夠自己創造機會的人就更少了。不過，正是因為這樣的人少，所以一旦能夠把握和創造機會，就比其他人擁有了更多的競爭力，離成功也會更近。一般而言，想要創造機會，是有條件的，第一，要有一種積極進取的心態，只有向上的心態才能讓人有成功的渴望；第二，要有刻苦的精神，只有不懈努力，累積實力，才有資本；第三就是保持警覺，不斷尋找，學會主動出擊。以上三點，是李開復的經驗，是其親身經歷所得。

李開復在一生中，經歷過很多次選擇，遇到過很多次機會，他也曾自己創造過機遇。在整個過程中，李開復很少失誤，原因就是他懂得如何贏得機會、把握機會，更懂得如何創造機會。其中，關於創造機會，還有一個小故事。

根據微軟公司的規定，每個部門隔一段時間都要向比爾蓋茲彙報工作成果，一般來講，一個部門一年有四次這樣的機會。在微軟，人們非常重視這個機會，如果自己的工作成果足夠好，不僅能夠得到比爾蓋茲的鼓勵，還能從公司獲得更多的支持，對後續工作的展開也是非常有幫助的。

李開復在微軟工作期間，曾負責組織微軟中國研究院，在研究院剛剛成立那一年，李開復就做了一個大膽的決定。他在手裡的幾個研究專案都尚未有成果的時候，就向比爾蓋茲申請了兩個彙報成果的機會，時間定在半年後。李開復這麼做，是

有些機會是「自找」的

想宣傳微軟中國研究院,因為那時它剛成立不久,別說外界,就是微軟公司內部也有好多人都不知道這個機構的存在。李開復就是想用這樣的辦法,引起大家對微軟中國研究院的重視。

李開復這麼做雖然有些冒險,但也不是全無道理。根據李開復的推測,他手中的四個專案在六個月之後,應該都能有成果,但各自的成功機率只有60%。如果等成果完全出來之後再申請,時間就會拖得很長,對他們來說,選擇正確的彙報時間是更重要的。於是,他用了兩個措辭比較含糊的報告先卡位,這種不是很明確的報告,可以給他更大的彈性空間,到時候哪個專案做出成果就用哪個做彙報。如果提交的是詳細的申請內容,到時候該專案沒有成果,就會備受牽制,這是李開復的策略。

六個月很快過去,李開復他們進展得很順利,果然如他原來預料的,他們有兩個專案已經取得了非常出色的成果。於是,李開復充實了報告內容,改了題目,帶領自己的團隊飛回總部彙報了。

李開復等人的彙報很成功,彙報完的第二天,比爾蓋茲在眾人面前說了一段著名的話:「我敢打賭,你們都不知道,在我們微軟的中國研究院,有很多世界一流的多媒體研究專家。」比爾蓋茲的這句話,讓李開復帶領的微軟中國研究院聲譽鵲起,成了公司內部的重要部門。

李開復成功了,其成功的關鍵就是沒有選擇按部就班地等

第三章 機遇只屬於行動者

待,而是採取了主動出擊的辦法,為自己贏得了機遇。試想,如果李開復像其他人一樣,等著結果出來後才申請,那麼很可能就會錯過向比爾蓋茲彙報的機會。因為還有很多部門在排著隊等著呢!而且,即使他們成果出來後,預約了彙報的機會,也肯定要拖上幾個月甚至半年、一年才能去彙報。對於一個新成立的部門來說,等待如此長的時間是很不划算的。

從李開復的故事,我們可以看出主動出擊、努力創造的重要性。我們要明白,只要你足夠努力,有充分的準備,那麼機會總是會來的。但是,機會不一定會在最佳的時機來。想要在最佳時機得到最佳機會,靠的不是等,而是爭取,是創造。

只有用自己的努力創造出來的機會,才會為你帶來更大的成功,這是李開復的成功經驗,也是其他無數成功者的經驗,更是顛撲不破的真理。

要牢記,機會青睞有準備的人,更青睞有創造能力的人,只有拋棄等待的想法,努力創造機會,才能得到更多。

總有機會適合你

沒有人比你更在乎你的事業,沒有什麼東西像積極主動的態度一樣更能體現你自己的獨立人格。

—— 李開復

總有機會適合你

　　想成就人生，只能靠自己闖，等是等不來的。成功也一樣，必須要主動出擊，靠自己爭取才行，要明白，機會不會無緣無故降臨在你的頭上，只有積極尋找才能發現更多的機會。李開復是一個積極的人，一個懂得用自己的雙手創造成功的人，他從來不會選擇等待時機，都是主動出擊，贏得機遇。在李開復的人生中，積極主動，尋找機遇的事例很多，但要說最經典的，肯定是他在考大學時的經歷。

　　高中畢業後，李開復跟所有的年輕人一樣，開始考慮報考大學。李開復小時候一直有一個夢想，做一個哈佛人。李開復之所以對哈佛痴迷不僅是因為這所學校的光環，還因為他從小有一個願望，那就是做一個法律人，而哈佛的法學科系是全美國最好的。

　　按照慣例，哈佛每年都會由李開復就讀的學校錄取一兩個人，李開復是學校裡的傑出人士，他堅信，這一年哈佛錄取的肯定是他。但考試分數出來之後，李開復傻眼了，他的數學成績非常好，考了滿分800分，但英語極不理想，只有550分，與哈佛的錄取標準還有很大一段距離。

　　雖然分數不理想，但李開復並沒有直接放棄，依然積極準備著備審資料，期待奇蹟出現，能夠被哈佛錄取。同時，李開復也沒有放棄其他的機會。一般來講，一個學生最多也就申請三五所學校。不過李開復沒有這麼做，他一共申請了12所學校，在李開復看來，想要獲得更多的機會，就要付出更多的努力，做更多的準備，只有這樣，才能夠找到機會。

第三章　機遇只屬於行動者

雖然心存僥倖，但李開復還是收到了哈佛的拒絕信。這對他來說，無疑是一個不小的打擊。不過很快，他就從這個打擊中恢復過來了，因為他收到了其他學校的錄取信。李開復一共收到了兩間學校的錄取信，一個是哥倫比亞大學，另一個是加州大學柏克萊分校。

這兩間學校李開復都比較了解，因為之前投遞備審資料的時候，他就蒐集過相關的資料。最後，經過認真考慮，李開復決定，就讀哥倫比亞大學。事實證明，他的選擇是正確的，不過我們更應該理解到，他之所以能有做出這個選擇的機會，跟他主動積極尋找的個性是分不開的。試想，如果沒有當初的積極準備，他不是申請了12所學校，那怎麼會有後來那麼多的機會呢。

李開復經常向年輕人分享自己的經歷、故事，上面列舉的這件事也是他經常提及的一個。他講這個故事，就是想告訴聽者，不管什麼時候，機會可以放棄我們，但我們絕對不能放棄機會，不但不放棄，還要主動尋找，只有這樣，成功的機率才會更大，才更有可能獲得自己想要的人生。

很多年輕人一直在抱怨沒有機會，埋怨命運不濟，覺得社會不公，卻很少從自身尋找原因，這是要不得的。無論是什麼人，都受內在、外在兩種因素的影響，內和外配合好了，就能成功，配合不好就會失敗。所以，當我們處於困境的時候，應積極尋找解決辦法。當整天抱怨的時候，就想想李開復曾經做

過的事情,他送出的入學申請是其他人的三到四倍,我們為了夢想而付出的比別人多了三到四倍嗎?如果沒有,我們有什麼資格抱怨沒有得到李開復那樣的好機會呢?要知道,那是他靠著毅力,積極主動尋找來的啊!

我們無法決定外界事物,但可以將自己調整到最佳狀態,確保在機會來臨的時候不會錯過,爭取在沒有機會的時候創造機會。這需要一種積極進取的精神,每個人都要明白,只有吃得苦中苦,方能成為人上人,不勞而獲只會出現在夢境中,現實裡是不可能的。

我們不能只是一味空想,一味等待,而是要學會主動出擊,用自己的努力、付出,積極尋找機會,讓機會提前到來。機會多了,成功的可能性才會更大。

機會只會垂青那些有準備的人

一定要在平時做好充分的準備,掌握足夠的資訊,以便在必要時做出最好的抉擇,把握住稍縱即逝的機遇。

—— 李開復

人們常說,機會總是更青睞有準備的人。這句話的意思不是有準備的人會分到更多的機會,而是他們能夠把握住更多的機會。對每個人來說,機會都是均等的,但當機會來臨的時候,

第三章　機遇只屬於行動者

有準備、懂得打拚的人更能把握住機會，能將機會變成成功，其他人則往往與機會擦肩而過，甚至有的始終都沒能看出那是機會。正是由於這種差異，人們常會有一種錯覺，覺得那些成功的人身邊的機遇比別人更多，其實這是不對的。實際情況是，出現在他們身邊的機會跟我們是一樣多的，不過他們能夠把握住的更多些而已。

想要把握機會，說起來不難，但也絕不簡單。一般來說，只要準備足夠充分就可以抓住機會了，但是如何準備，怎樣才能做到堅持準備、全力準備，就不是一般的人能夠做到的了。在這方面，李開復是有一定的經驗的。李開復認為，當機會出現的時候，我們不僅要靠之前的儲備，更要靠爭取過程中的付出，只有兩者好好結合，才能有效把握機會，讓自己成就更大的事業。

李開復在蘋果公司工作期間，有一天他的老闆突然問他何時才能夠接替自己的工作。李開復從沒想過這個問題，就說自己經驗還不夠，缺乏管理經驗和經營能力，還沒有辦法接替老闆的位置。沒想到，他的老闆卻說這些都是可培養的，而且，他希望李開復兩年後能夠接替自己的位置。

老闆的這番話，對李開復來說無疑是巨大的鼓舞，同時，這也是擺在李開復面前的一個絕佳的機會。意識到這些之後，李開復開始有意識地加強這方面的學習，不斷提高自己的經營和管理能力。最後，李開復成功了，兩年後他真的接替了老闆

的工作。每當回想起這件事的時候，李開復都會從內心感謝老闆，給自己一個很好的機會，但他也慶幸當時的選擇，因為他最清楚，那兩年自己做了多大的努力，他明白，如果沒有那兩年的全力打拚，長官給的機會再好，他也抓不住。

其實，李開復身上的這種打拚精神並不是進入蘋果之後才養成的，他早就懂得打拚的重要性。在讀博士的時候，李開復透過努力，將語音辨識系統的辨識率從40%提高到了80%，這是一個很大的成就，甚至有的老師直接告訴他，只要把這個成果寫成論文就可以直接拿到博士學位了。

但李開復並不想就此停止研究，他心裡明白，這個成就對自己來說只是一個機遇，更大的成功應該在後面。李開復做出這種判斷的理由很簡單，80%的辨識率是一個很好的成績，但並非最佳的結果，它還可以更好。而自己的成果釋出之後，會有很多的科學研究機構和公司進入這個領域，如果自己放下研究而去寫論文，那麼相信不久就會被別人超過。

抱著要做就做最好的信念，李開復又開始埋頭苦幹。很多人都應該有類似的經驗，想要從60分提高到90分容易，但想要從90分提高到100分就相對困難了。因為成績越高，對人的要求也越高。但李開復沒有害怕困難，他幾乎整天都躲在實驗室裡，進行自己的研究工作，為此，他甚至還推遲了論文口試時間。在那段日子裡，他幾乎從不休息，每週工作7天，每天16個小時，其間吃了多少苦只有他自己知道。

第三章　機遇只屬於行動者

　　苦總是不會白吃的，經過一番打拚、努力，李開復取得了巨大的成就，他將語音系統的辨識率從 80% 提高到了 96%，這絕對可以算是最佳結果了。而他在獲得導師肯定的同時，也拿到了《商業週刊》頒發的「1988 年最重要科技創新獎」。面對機遇，李開復又一次靠著自己的打拚取得了成功。

　　世間事往往就是如此，總有很多的共同點，就像面對機遇的時候，如果你找到了把握機遇的方法，那麼下一次機遇出現的時候，依然能夠好好把握；如果方法不得當，那麼你總是會與機遇擦肩而過。李開復把握住了機遇，當然也掌握了應對機遇的方法，他的辦法很簡單 —— 全力打拚。我們不要小看這幾個字，它唸起來簡單，但真正做到就難了。需要一定的毅力，更需要堅定的信念。這些是李開復所擁有的，但只要努力，你一樣可以擁有。

▌進攻者永遠都有機會

　　要把握轉瞬即逝的機會，就要學會說服他人，向別人推銷自己，展示自己的觀點。

—— 李開復

　　人的性格各有不同，有的人比較保守，喜歡等待，有的人則比較開放，愛好進攻。如果對那些成功者進行一下統計，

> 進攻者永遠都有機會

你會發現,他們當中,喜歡進攻的會更多些。原因無他,會主動出擊的人,往往能夠贏得更多的機會。我們都明白,在面對同一個機會的時候,善於爭取的人勝算會更大些,因為他們懂得展示自己,會將自己的能力展現得更好;而那些不願意或者不善於主動出擊的人,則往往會失去機會。因為雖然你很有能力,但是如果不展示的話,別人也是無從了解的。這就是主動出擊的人能獲得更多機會的祕密所在,我們要意識到,只有別人看到並認可的實力,才是你真正的實力,如果你的一項實力,除了你誰也不知道,那麼,別人憑什麼給你機會呢?要記住,進攻者永遠都有機會。

一般來講,求職者在面試的過程中往往都是非常被動的,等待著面試官的提問,然後揣摩其心思,回答問題。面試是一個很短暫的過程,而面試官和應徵者又彼此不了解。所以,很多時候,光靠面試官的提問,未必能夠發現應徵者的真正優勢所在。這時候,主動一點,將自己的優勢展現出來,效果會非常好。

在很多人眼裡,面試就是回答別人的問題,特別是應徵這種大公司裡很多人都在競爭的職位,求職者往往都是被動的一方。因此,不妨讓面試過程變成了兩個人對等的溝通。這個改變看似很小,但效果卻非常明顯,因為它大幅提高了溝通的效率,可以讓彼此在極短的時間內對對方獲得最多的了解。

我們要明白,從某種意義上講,成功就是一個不斷進攻的

第三章　機遇只屬於行動者

過程,透過自己的進攻得到了自己想要的全部,自然就是一個成功者了。所以,主動出擊,懂得進攻是一個想要成功的人的必備特質。只有這樣,你才能獲得更多的機會,才會有更大的空間任你作為。要明白,機會不是等來的,是透過進攻贏來的,進攻者永遠都有機會。

做一個機會創造者

每一個年輕人都要擁有一顆積極、主動的心,要善於規劃和管理自己的事業,為自己的人生做出最為重要的抉擇。

—— 李開復

一個人能成就的事業大小,跟他的態度是正相關的,面對同一件事情的時候,態度正確的人往往能做得更好,態度不正確的人則多半會一事無成。一般來說,積極的人往往更具主動性,他們知道進取,懂得主動出擊,而負面的人則往往會懈怠,不努力,只知道等。前者對機會的把握能力更強,有時候甚至可以創造機會,而後者則恰好相反,所以成功人士多出於前者。

李開復是一個成功的人,有很多成功的經驗,對於能決定成功與否的態度問題,自然也有自己的見解。他認為,等待是最不可取的,機會不會主動上門,就算是主動上門,如果你沒

有準備也肯定抓不住。想要成功就得主動出擊，拋棄負面的思維，做一個機會創造者，而不是機會等待者。

　　人的際遇都是差不多的，但在解決方法上，人和人就千差萬別了。成功的祕訣在於從來都不放棄希望，懂得努力，知道主動出擊。而不是像身邊的其他人一樣，一遇到瓶頸就覺得自己徹底沒希望了，或是到了逆境中，就開始混日子，不思進取了。不思進取的思維是有害的，它不僅會消磨我們的鬥志，更會剝奪一個人把握機遇的能力。

　　因此，我們要明白，命運並不是不可逆的，大多數時候命運都是掌握在我們自己手中的，一些人之所以覺得無法掌控命運，不過是他們放棄了手中的權力罷了。當把選擇權交給別人的時候，自然就只能聽天由命了。所以，想要成功，就要懂得主動出擊，拋棄負面思維，只有這樣，才有成功的機會，才可能實現自己的夢想。這是李開復總結出的人生經驗，是他的財富，也是年輕人應該掌握的基本理念。

第三章　機遇只屬於行動者

第四章
會選擇，才能走更遠

放棄意味著失去，但失去的是那些自己缺乏熱情的東西，得到的卻是自己主動追尋的事業。

—— 李開復

第四章　會選擇，才能走更遠

人生要拿得起，更要放得下

> 不要輕易走入樣板化成功的失誤，而應主動選擇最適合自己的成功道路。
>
> ——李開復

對很多人來說，從小到大接受的教育就是如何努力，如何堅持，如何永不言棄，這種精神固然重要，但如果一個人的頭腦中只有這些，也是不合適的。很多時候，追求的同時也要學會放棄，所謂有捨才有得，只有在適當的時候學會放棄，才能夠讓我們獲得更多。

微軟是全球聞名的大公司，去那裡工作是每個人的夢想，而李開復早早地就實現了這個夢想。不過，很快，他就意識到，自己好像已經沒有剛進微軟公司時候的熱情了。

李開復發現微軟經過幾年的發展，已經步入中年階段，不管是自己，還是整間公司都一樣，開始缺少過去的那種熱情，越來越顯得平庸了。

發現這一點的不僅李開復一個。微軟的創始人比爾蓋茲也曾多次在公開場合表達，對微軟公司 2005 年前後的表現很不滿意。在那段時間裡，Google 每一個月都會開發出一個重要的創新應用，而且都是很好玩、很酷的東西，而在微軟，這可能需要兩到三年的時間，即使快，至少也需要半年才會有相應的

成果。

當時，李開復在微軟負責技術研發工作，是這方面的負責人。他曾因為微軟在中國的業務缺乏進展而遭到比爾蓋茲的痛斥，這件事讓李開復感覺「自己之前的工作全是白費」，對李開復產生了很強的刺激，也把李開復推向了困境，他開始考慮自己的人生路了。

這個決定是很難做的，要知道，雖然微軟暫時陷入平庸，但它依然是最好的軟體公司之一，是一個龐大的平臺，離開這裡，任誰都會不捨。不過，最後李開復還是下定了決心，他認為，新生就應該從「捨」開始，而且，捨了這裡，未必就不能得到更好的。

經過了一番思索，李開復決定去 Google 試試看，對他這個層級的人來說，那裡或許更為合適。而且，目前的 Google 似乎有著更為活躍的創新環境。

打定主意以後，李開復就開始著手準備了。2005 年 5 月，李開復向 Google 的 CEO 和兩名創辦人毛遂自薦，他發了一封郵件給對方，將自己稱作「在微軟裡從事與 Google 關係非常密切工作的執行副總裁」，同時寫道，「看看我在微軟的工作和考慮一下我能為你們做些什麼」，郵件中還附有微軟對他的評價。

Google 的反應速度很快，他們立即做出了承諾，如果李開復來 Google，可以讓他擔任大中華區總裁。他的業務範圍

第四章　會選擇，才能走更遠

將不僅僅涉及研發，還會涉及管理、經營、市場等。很顯然，Google 提供給李開復的職位更具有挑戰性，也更有誘惑力。李開復接受了這份挑戰，他要嘗試新生活了。

事實證明，李開復的選擇是對的，他雖然放棄了微軟，但走進 Google，一個更有發展空間，更具創新精神的公司。顯然，就那個時間點來說，Google 更適合他，而他得到這些的直接原因，就是因為他懂得取捨。他明白，只有擁有放棄現在的勇氣，才能為自己贏得未來。

我們一定要意識到，有捨才有得。人生要拿得起，更要放得下。一個懂得放棄的人，必定是擁有豁達、開朗的心胸的人。這樣的人才更容易成功，李開復是這樣的一個人，所以成功了。我們要做的就是向他學習，也成為那樣的人，讓自己具備成功的基礎。

任何人都是無法逃避選擇的，既然如此，學會選擇的智慧才更重要。要記住，選擇的關鍵不是看你想要得到什麼，而是願意放棄什麼。只有將應該放棄的放下，你的選擇才有意義，才會成功。如果不能放下需要放棄的東西，那麼，想要追求的東西也必定無法得到。這是選擇的真諦，也是創造人生輝煌的必需。想要在通往成功的路上行前進得快，就要放下不必要的包袱，將阻礙捨去，做到了這些，得就是必然的了。

如何成為一個選擇高手？

> 在成功的道路上，每個人都有選擇的權利，不要把一切歸於宿命。
>
> —— 李開復

要問人生中會經歷最多的，選擇肯定榜上有名。在我們的一生中，時刻都要面臨選擇，大到選擇人生方向，小到選擇學校、公司，甚至午餐要吃什麼，都是選擇。可以說，選擇一直都跟隨著我們。不過，雖然人們每天都要經歷各式各樣的選擇，但是真正了解應該如何去選擇的人恐怕並不多，特別是面對自己將要走的人生道路時，能夠想清楚的就更少了。

李開復是一個選擇高手，在他的人生裡，做過很多次非常重要的選擇，而李開復幾乎每次都給出了最佳答案。這不僅是一種能力，更是一種智慧。李開復認為，在面臨選擇的時候，最重要的是謹慎。他覺得，只有足夠謹慎，先搞清楚自己要什麼，再搞清楚自己想要選擇的東西是否能夠滿足自己的要求，然後綜合各種因素，判斷是否會出現阻礙自己實現目標的障礙，如何排除這種障礙，才能一步步實現目標。經過了這麼一番思索之後，自然就能夠做出讓自己滿意的選擇了。在做人生選擇的時候，李開復更重視的往往是自己的理想，他通常都是以個人的理想為第一標準進行選擇的。而且，他不僅自己這麼做，也非常欣賞那些有理想，且會根據理想來選擇自己人生道

第四章　會選擇，才能走更遠

路的人。李開復就曾講過一個故事，說明他對這件事的態度。史考利原本是百事可樂的員工，工作穩定，成績斐然。在他的人生規劃中，自己應該是跟隨這個龐大的公司一直到退休的，不過，一封邀請信讓他的心變得不安分了。

邀請信來自賈伯斯，他邀請史考利到自己的蘋果公司任職，並開出了很優渥的條件。這件事，讓史考利陷入了兩難的選擇。百事可樂是一家大公司，也是一家非常優秀的公司，史考利在這裡工作了很多年，有人脈，有累積，這些是他想要的，不過，他覺得現在的生活雖很安逸，卻也略顯平淡。而蘋果則是富有新鮮感的，也同樣優秀，但是史考利沒有IT行業的從業經驗，沒有相關累積，可以想見，他要是加入蘋果肯定會遇到很多挑戰和困難。最後，史考利選擇了沉默，他沒有直接回覆賈伯斯，而是用觀望的態度，將這件事擱置了下來。他在等賈伯斯的下一步動作，看他將如何行動，也好觀察賈伯斯是個什麼樣的人。

賈伯斯非常欣賞史考利，他也確實需要史考利這樣的人才。於是，他決定採取主動出擊的方式。他約了史考利，跟他進行了一次談話，在那次談話中，賈伯斯說了一句很有名的話：

「如果你繼續待在百事可樂，當然可以賣更多的汽水給年輕人；但是，如果你加入蘋果電腦，那你將參與改變世界。史考利，我的夥伴，你想把你的餘生花在賣糖水上還是改變世界上呢？」

賈伯斯的這次談話很成功，他打動了史考利，也讓自己得到了史考利的認可。最終，根據賈伯斯在整個過程的表現，以

> 如何成為一個選擇高手？

及自己蒐集到的蘋果公司的資訊，史考利決定，跟隨賈伯斯，一起打造蘋果帝國，事實證明，他的選擇是對的。

在選擇的過程中，史考利遵從了內心，這是李開復欣賞他的理由。同時，也可以看出，史考利是一個謹慎的人，他知道自己想要什麼，不過在這種想要的東西還沒有直接擺在面前的時候，他一直沒有做決定。這也是他沒有立即行動，略顯猶豫的原因，他還沒有比對出兩者的利弊，更不了解自己的新老闆是個什麼樣的人，所以才要猶豫。這種猶豫是謹慎的結果，而不是沒有主意的優柔寡斷。他是在觀察，是想透過這個過程，看蘋果、賈伯斯對自己的態度，看他們可以提供多大的機遇。

史考利的故事，也提醒了我們。那就是，什麼樣的態度才叫謹慎。在面對人生選擇的時候，每個人都會猶豫，這是正常的，但猶豫也有不同理由。有些人的猶豫是因為沒有主意，不知道該怎麼去選擇。他們的猶豫與史考利不同，史考利是在比對權衡，是在觀察，而那些人則是在迷惘困惑。這其中最大的區別就是，你是否在蒐集數據，是否在為自己的立場、判斷提供有力支撐。只有認真蒐集數據，比對優劣的猶豫，才是謹慎的態度。

因此，我們可以知道，在面臨選擇的時候，要做好充分的準備工作。首先，明白自己內心真正想要的是什麼，其次，還要認真比對，盡量掌握各方面資訊，最後透過自己的理性分析，做出一個合理的選擇，這才是真正能夠為自己帶來愉悅和成功的選擇。要牢記，這份謹慎是有價值的，是保證成功的關鍵。

第四章　會選擇，才能走更遠

▌適合的才是最好的

> 反覆叩問自己的內心，向人生更遠的方向看去，而不是被眼前的喧囂迷惑。
>
> ——李開復

人要面臨的選擇很多，但一般說來，至關重要的選擇也許只有一兩次，這時候，選擇的正確與否就意義重大了。此時做出正確的選擇，可能會讓人擁有一個燦爛的人生，從此不再煩惱；而一旦選擇失誤，則可能會讓人從此便與成功無緣了，只能庸碌一生，了無成績。

對於如何做出好的選擇，李開復有很多獨特的看法，他認為，大多數人覺得對的並不一定是真理。就拿選擇來說，在「選擇最好的」和「做最好的選擇」之間，大多數人肯定都會認為前者更符合自己的期望，但李開復指出，事實並非如此，在這件事上，很可能多數人都做錯了。李開復說，選擇最好的和做最好的選擇有本質上的區別，它們決定著一個人的命運走向和成就的大小。比如說職業，其實本無所謂好與壞，只要適合自己就可以，但很多人卻不這麼想，他們認為賺錢多的才是好的，所以常選擇待遇略高的職位。可是，這些人忘了自己賺錢的目的了，他們常常是透過做不喜歡的事情賺錢，然後用錢來做自己喜歡的事。那麼，為什麼不直接就選擇自己喜歡的作為事業

> 適合的才是最好的

呢?那樣不是更能獲得快樂嗎?道理很多人都明白,但真正做選擇的時候,往往有的人就無法分辨了。

在從微軟跳槽到 Google 的時候,李開復遇到了點麻煩,背上了「叛徒」的罪名,很多人都對他的選擇表示不理解,覺得為了換個工作鬧得這麼大,有些不值得。但是,李開復並沒有理睬這種聲音。他覺得,人就應該遵從自己的內心做選擇,不能因為別人的評價而改變自己的初衷,那樣是不理智的。事實證明,李開復的這次選擇確實是成功的。

從小到大,李開復有多次主動選擇,他一直說,上帝對每個人都是公平的,賦予每個人不同才能的同時也提供了各式各樣的機會,我們要做的就是讓自己的才能跟機會相匹配。遵照自己的內心去選擇,只有這樣,才能夠獲得更多的成就,得到更多的快樂。

現在我們身處的,是一個發展迅速的社會,也是一個機會豐富的社會,年輕人有很多的選擇。比如房地產,就是一個非常賺錢的行業,但我們要意識到,並不是每個人都適合在這個行業內任職的。如果你恰巧是不合適的那個,那麼,不僅賺不到錢,反而浪費了時間,就得不償失了。不要看外界條件而選擇,要遵循自己的內心,做自己喜歡做的事情。

要記住,只有在自己喜歡的領域,成功的機率才最高,可能獲得的成就才最大。行業是沒有好壞之分的,只有從業者

第四章　會選擇，才能走更遠

是否適合、能否做出成績之分。在任何一個行業，取得成績之後，都會帶給你很多榮耀。站在職業選擇的十字路口，我們要做的就是選擇一個自己真心喜歡，可以做出成績來的職業，而不是別人覺得好的職業。除此之外，我們在面對人生的其他重大選擇時所應當遵循的，也都是這個原則，做出符合自己心聲的選擇，而不是選擇別人看好的。

▋累積經驗，正確的選擇來自智慧

> 我能快速做出抉擇，是因為在此前的工作中出現過類似的情形。
>
> ——李開復

選擇是常有的事，對有的人來說，選擇失敗也是常有的事。這些成敗，和個人的經驗有關。選擇是要靠經驗的，只有在一次次的選擇中累積經驗，將好的地方記下，將不好的地方改掉，才可能讓自己的選擇具備更高的正確率。那麼，如何才能做到這點呢？這就需要有一定的智慧了。我們先來看看李開復是怎麼做的。

在如何做選擇方面，李開復有著豐富的經驗，這跟他的經歷是分不開的。李開復的人生經歷很豐富，他在蘋果公司、Google 公司和微軟公司都工作過，且都做出了一定的成績。這些經歷讓他獲得了非常寶貴的經驗，所以他才能夠總是做出正

累積經驗，正確的選擇來自智慧

確的選擇。

在蘋果公司的時候，李開復認為，當時的蘋果公司已經每況愈下，出現危機了，根據他的判斷，如果不採取非常措施，那麼蘋果只有10%的機率可以獨立生存下去。而當時，李開復看不到任何可能轉好的跡象。無奈，他最後選擇了離開。

1996年，李開復離開了當時風雨飄搖的蘋果公司，來到SGI，擔任SGI子公司Cosmo Software的總裁，此時，他的工作職務拓寬了很多，負責多平臺、網路三維圖形和多媒體軟體的研發工作。

當回憶起離開蘋果的經歷時，李開復說：「1995、1996年的時候，公司不斷地裁員，而且新來了一個執行長，這個人非常不得人心，但又不想改變自己，我就覺得蘋果這間公司可能待不下去了，不過當時並沒有積極找工作。不久，SGI就找到了我，SGI當時實力很強，非常讓人嚮往，我覺得他們是一個像魔術師一般的公司。當時他們說『開復到我們這邊來吧，你自己來選你要做什麼，我們會為你量身打造一個部門讓你來管』，我覺得這是我不容拒絕的機會。」

不過，後來的事情證明，李開復這次看走了眼，最後，他只在這家公司待了兩年，就離開了。李開復說：「那是一次失敗的選擇，事後想起，覺得當時我應該更仔細地去審視，如果我足夠仔細，肯定能發現SGI並沒有想像中魔幻，因為他們的產

第四章　會選擇，才能走更遠

品微軟和英特爾也可以做到。我沒有想到這一點會造成它走下坡，當時我太迷信技術了，覺得這些工程師肯定會再創奇蹟。當然，這些工程師沒有創造出奇蹟，也有我的責任。這直接導致我的部門被新來的 CEO 砍掉了。這次選擇，讓我明白了很多道理，也讓我在失敗中獲得了經驗。」

1998 年，李開復正式離開 SGI。不久，經朋友介紹，李開復進入微軟公司，並受命在中國建立微軟中國研究院。李開復的這次選擇非常成功，在這個職位上他取得了傲人的成績。而這次成功，顯然跟上次失敗有很大的關係，可以說，如果沒有從失敗中累積的經驗，李開復的成功至少不會來得這麼順利。這正是李開復的過人之處。他懂得從失敗的選擇中累積經驗，然後讓自己永不重複犯錯，最終做出正確的選擇，取得成功。

在職業生涯中，每個人都會遇到類似李開復這樣的問題，要換工作。不過，有的人越換越好，換幾次之後風生水起，很快就取得了成就。但有些人則越換越糟，甚至從此一蹶不振。之所以會有這種情況，一是沒有經驗，二是不能夠從以往的經歷中取得教訓，所以才做出了錯誤的選擇，導致了以後的失敗。

在選擇之前，要冷靜地思考幾個問題，想想自己為什麼要做這次選擇，是主動的還是被動的，之前有沒有過類似的選擇，如果有，那次選擇的效果如何，是否可以做得更好，還有，自己選擇的是否是自己真正想要的等等。經過這一番思索之後，就可以做決定了，按照自己的想法給出自己選定的答案。在選擇

結束之後,還要做一個總結,看看是否達到了選擇前的預期。如果沒有達到,問題出在哪?如果每次都能夠這麼做的話,那麼,肯定能夠做出正確的選擇。這是李開復的經驗,也是他的智慧。從這個過程中我們可以看出,選擇確實不是一件容易的事情,需要你有一定的思考能力,才能夠歸納出教訓;又需要你有很多的經歷,才能夠讓教訓變得豐富,最終達到一種智慧狀態,可以做出讓自己滿意的選擇。

身為一個沒有多少累積的年輕人,要做的就是從自己並不豐富的經歷中歸納出盡可能多的經驗,用於以後的選擇,同時,還要多關注李開復這種成功人士,從他們的經歷中找到自己想要的東西,用來充實自己。要做到用智慧尋找經驗,用經驗增加智慧,兩者並重,慢慢提高自己,不久後就會發現,你也可以做出正確的選擇了。

控制情緒,理性選擇

不要衝動,要謹慎,成功是選擇的結果,不成功也是選擇的產物。

—— 李開復

每個人都會有情緒的起伏。因為外界的環境、人自己內在的感受隨時都在變化。不過,有人說,在情緒方面中國人是起伏

第四章　會選擇，才能走更遠

最大的，換言之，就是中國人最容易生氣，只要感覺到不對就會發洩出來，很少忍耐。這個特點，為我們平添了很多麻煩。不過，這並不是不可控的，只要方法適當，就能讓情緒的起伏產生最小的影響。

《孫子兵法》說：「主不可以怒而興師，將不可以慍而致戰。」意思就是發怒等負面的情緒對個人判斷會有很大的影響，在做重要的事情時，不可以發怒，或者，在發怒的時候，不要做出決定。對此，李開復也有類似的看法，他認為人是感性動物，生活在愛恨情仇的交織中，整天都會受到各種因素的困擾，而人生又是處在不斷的選擇之中，有些選擇或許無關痛癢，有些選擇卻事關全局。如果因為生氣，做出錯誤的選擇，會為人帶來很多的麻煩，有時候帶來的甚至是失敗。所以，一個人想要成功，首先就應該學會如何控制自己的情緒，要學會拒絕衝動、控制衝動。

因情緒不好而妄下決定的例子比比皆是，李開復在一次演講中就舉過一個例子。

威廉・奧士華（Wilhelm Ostwald）是德國的一位著名化學家。有一天，他牙病發作，疼痛難忍，因而很焦躁，情緒很壞。他走到書桌前，拿起一份不知名的青年寄來的稿件，大略看了幾眼，覺得滿紙都是奇談怪論，於是，順手就把這篇論文丟進了紙簍。

控制情緒，理性選擇

幾天後，威廉·奧士華的牙不痛了，情緒也好了很多，那天看的那篇論文中的一些「奇談怪論」又浮現在他的腦海中了。他突然覺得，有些地方挺有意思。於是，威廉·奧士華急忙從紙簍裡把它找出來，並認真地重讀了一遍，結果發現這篇論文竟很有科學價值。

威廉·奧士華在為作者的新思路驚訝不已的同時，也為自己險些錯過了一篇優秀的科學論文而懊悔。後來，威廉·奧士華寫信給一家科學雜誌，推薦了那篇論文。論文發表後，在學術界引起了**轟動**，該論文的作者後來獲得了諾貝爾獎。李開復認為，這是一個很有啟發性的故事。這個故事的結果很好，威廉·奧士華雖然第一次錯過了論文，但不久就改正了錯誤，發現了一名重要的科學家。但是，現實中並不是每個人都能有這份運氣的。試想，如果中間威廉·奧士華倒過一次垃圾桶，論文也找不回來了；如果他事後沒有回想起這件事，論文也發表不出去，或者至少是在更長的時間之後才能發表。這些可能性只是一種假設，但我們都能看出，它們是極易發生的。其中任何一個成了現實，都將使當事人遺憾，甚至是悔恨。由此，我們也可看出，情緒對人的判斷力的影響有多大。

想要成為一個成功的人，首要的就是學會控制自己的情緒。李開復說，每一個人都有情緒，有時候會有「好情緒」，有時候則是「壞情緒」。當處於不同的情緒狀態時，我們所做出的決定往往也有很大的差別。好的情緒能讓我們做決定的時候更加清

第四章　會選擇，才能走更遠

醒，壞情緒則往往容易引起衝動，做出讓自己後悔的選擇。

控制情緒的方式有很多，李開復列出了幾種簡單的方法，他說，首先，憤怒的時候不做決定。其次，執著時不做決定。再來是擔憂時不做決定。還有就是處於感性狀態時不做決定，處於忘我狀態時不做決定。如果做到了這些，那麼就能克服情緒的力量，避免因衝動而做出讓自己後悔的事情。屆時，錯誤的機率會非常小，成功也就是必然的了。

■ 拒絕極端和片面

不能偏激，不能走極端化的路線。應當根據自己的目標和實際情況，在對立統一（Unity of Opposites）的邏輯關係裡選擇最佳的均衡狀態。

—— 李開復

在為人處世的態度上，人和人之間往往有很大的差異，有的人會相對溫和些，有的人則相對急躁些。這些不同，組成了我們這個多彩的世界，它讓我們的生活更豐富了。不過，在提供多彩的同時，行為方式的不同也會造成個人際遇的差異。一般來講，那些比較急躁，愛鑽牛角尖，有著比較極端性格的人往往更吃虧，而拒絕極端和片面，抱有中庸哲學的人，往往會更自如一些。

> 拒絕極端和片面

在這方面，李開復有自己獨到的見解。他認為，極端和片面是不可取的，對他來說，拒絕極端，也是一種創業之道，他曾明確表示過：「要成功就要拒絕極端，比如，在我的第五封信中提出的最重要的積極主動，如果拿捏不好，做到極端，就變成了霸道，從而喜歡對別人頤指氣使、橫行跋扈。在我的第二封信中提出的與人相處中最重要的同理心，如果做到了極端，就會變成盲從，從而失去自己的原則，變得什麼事都沒有主見。極端可以讓自信成為自傲，讓勇氣變成愚勇，讓有胸襟變成懦弱，讓自省變成自卑。」

自信、自省、勇氣、胸襟、積極、同理心是李開復經常掛在嘴邊的概念，他認為這些是成功的必要因素，是成功者必備的法寶。但是，我們看到，一旦將其發展到極端，那麼它們馬上就從優點變為了缺點。這是極不可取的，也是李開復一直勸誡年輕人要注意的地方。關於極端的危害，李開復不僅從道理上進行了闡釋，還舉例說明。有位企業管理者建議手下員工讀《拿破崙傳》中的一則小故事。故事的梗概是，拿破崙小時候常受同學欺負，相當沮喪。後來，他暗自下決心，即便被打死也不服輸，並採用非常規和「自殺式」的辦法與對手較量。結果，這種「不要命」精神發揮作用了，幾次之後，再也沒有人敢欺負他了。這位企業管理者請員工讀這個故事的用意，就是要他們向拿破崙學習。

對這位管理者的舉動，李開復有不同的看法，他說：「在我

第四章　會選擇，才能走更遠

看來，這個管理者的行為是極不可取的。在拿破崙的故事裡，我看不到勇敢的英雄，只能看到一個自大、固執、不自量力的傢伙，更重要的是，這個傢伙非常殘忍，他竟然不惜以自毀的方式打擊敵人，這是非常可怕的。雖然我不是歷史學家，但我知道，這樣的事例絕對不值得學習。」

比對企業管理者和李開復的看法，我們很容易看出，李開復是對的。我們要意識到極端並不能贏得別人的尊重，只能讓更多的人遠離你，用極端的方式來達成自己的目的，是一種非常愚昧的方式。我們可以預測，那位企業管理者肯定無法達到自己想要的結果，因為他在用極端的方式追求勇敢，這樣做的結果得到的不是勇敢，而是暴力，一個暴力的人是不可能成功的。

用極端的方式追求勇敢是行不通的，它只會讓我們的思維陷入失誤，永遠盯著一小塊地方，片面地看待問題，這種行為是要杜絕的。事實上，不管是勇敢還是衝勁，凡事做到極端都是有害的。就像李開復之前所說的一樣，這會讓自信變自傲，自省變自卑等。最後，只能在自己的慨嘆中看著機會離去，而一無所得。

想要成功，一定要記住，極端是極不可取的，一旦你的思維陷入失誤，看問題片面，這種片面的意識，正是成功路上最大的障礙。在道理上，李開復已經幫我們闡釋得很明白了，接下來，就要靠自己努力了。

一般來說，避免極端和產生片面的方法也不難掌握，只要時時提醒自己就可以了。在遇到事情的時候，要多想、多問，盡可能在最短的時間內掌握最多的資訊，然後從不同角度進行分析。當你學會多角度全面看待問題的時候，極端和片面自然就離你遠去了。而且，在極端和片面遠去的同時，成功還會向你靠近。

勇於對新機會說「NO」

放棄意味著失去，但失去的是那些自己缺乏熱情的東西，得到的卻是自己主動追尋的事業。

——李開復

古人說，魚與熊掌不可兼得。意思是我們不可能獲得自己想要的所有東西，總是要面臨取捨的，在這種情況下，如何選擇，是否有勇氣放棄，就顯得很重要了。在人生的每一個關鍵時刻，都必須審慎地運用自己的智慧，做到有所取，有所棄，利用自己的經驗，根據實際需要，做最正確的判斷，選擇屬於自己的正確方向。

李開復曾說，在創業過程中，許多事情都是需要直覺來判斷的，但很多時候，面對紛繁複雜的市場機會，僅僅憑藉個人的直覺判斷很容易造成失誤。想解決這個問題，就要懂得克制

第四章　會選擇，才能走更遠

自己的欲望，在看到新機會的時候，要有抓住的能力，也要有放棄的勇氣。

對於為什麼要有對新機會說「NO」的勇氣，李開復曾給出闡釋。他認為，對新機會說 NO，從表面上看是有些損失，但實際不然。李開復說，只有能夠幫你實現成功的才叫機會，那些看似美好，但是你並沒有足夠的能力去把握的，並不是機會，反而有可能成為陷阱。新機會中，實際上是陷阱的就特別多。原因很簡單，追逐新機會會讓你從現在正在做的事情中分心，將精力和財富都轉移一部分過去。如果你現在的事業正是一個需要花很大精力的事業，而新機會也是如此，那麼必然會兩頭無法兼顧，最後都沒做好。結果就是不但新的沒得到，舊的也失去了，這是得不償失的。

面對新機會的時候，第一反應不是抓住，而是要先冷靜下來，仔細分析，看自己目前是否有能力抓住這個機遇。如果有能力，就上，沒有能力的話，就要勇於放棄，這樣，成功的機率才會更高。這是李開復的個人經驗，更是他教給年輕人的寶貴財富。想要成功，就得將這些成功者們的經驗化為自己的經驗，從他們的話中體會道理，在他們的經歷中尋找出路。只有這樣，才能讓自己在人生路上少走彎路，甚至不走彎路。

取捨的真諦是做自己最擅長的事

> 真正的聰明人，不會輕易進入一個自己不懂的領域，而是從自己最擅長的領域中尋找機會。
>
> —— 李開復

對人生來說，選擇時的標準應該是自己的內心所向，要遵從內心去選擇。但對於具體的做事方向，選擇取捨的真諦則是專做自己最擅長的事情。只有全心投入自己最擅長的事情，才能讓我們的能力發揮到極致，讓我們的事業取得最耀眼的光芒，人生的價值也必將得到展現。

在誘惑和機會眾多的今天，想要堅守住自己的夢想，一心地投入自己所擅長的事情上面，是不容易的，需要很強的定力和清醒的頭腦。在獲得定力和頭腦方面，李開復有很多的心得。他認為，想要成功就要堅持做自己擅長的事，而堅持的動力，則來自對成功的渴望，這種渴望是具體的，它更像是一個具象化的目標，而不是一個空泛的「我要成功」。只有將目標具體化了，才能讓自己在既定的道路上堅持，保證一直做自己擅長的事情，從而取得成功。而在這方面，有很多可以佐證這個觀點的事例。

身為年輕人，首要的任務就是充實自己，讓自己變得更強大。而變強的方法中，將自己本就擅長的事情變得更擅長，無疑是最好的方式。這是取捨的真諦，更是成功的必需。

第四章　會選擇，才能走更遠

第五章
思考的深度決定未來

　　成功者最大的祕密在於,他總是以不同於常人的視角,審視生活中的任何一個細節。

—— 李開復

第五章　思考的深度決定未來

▍常想想下一步如何發展

　　21世紀，傳道解惑式的教育已經過時了，更重要的是培養獨立思考的能力。

—— 李開復

　　古人說：「行成於思毀於隨。」知識經濟實質上就是智力經濟，它是一種以知識的生產和充分發揮人的智力為支撐的、全面創新的新型經濟形態。在當今社會中，經商不再僅僅是一種體力勞動，而是越來越傾向於一種有智慧、有技巧、有思考，符合客觀規律的腦力勞動。在這個過程中，人的智力、知識、資訊處理和思考能力等無形資本的投入充分與否，對經商成敗有著決定性的作用。

　　競爭日趨激烈的市場，提供人們更多的發揮空間，但也帶來了前所未有的壓力，在市場中，不是優秀，就是退出。想要在這樣的環境中立足，只有勤於思考才可以，因為只有勤於思考，才能進行策略管理和創新思維，找到新的路徑，避免和別人擠在一條船上，分一杯羹。

　　李開復是一個思考能力很強的人，也是一個喜歡思考的人。他的思考能力和思考的習慣早在大學時代就已經養成了。在李開復決定讀博士的時候，他的系主任就告訴他，讀博士的目的，就是要做出世界一流的博士論文。這句話讓李開復十分

常想想下一步如何發展

震撼。

然而，系主任的下一句話，更讓李開復震撼，系主任說：「其實，做出一流的博士論文，也不是讀博士的最終目的。真正的目的是在讀博士的過程中，獲得一種思考的方法，這方法將使你在任何一個領域都能獲得頂尖的成功！這才是讀博士的真正目的。」系主任的這番話，旨在向李開復傳遞一個觀念——思考重於傳道，觀點重於解惑。

李開復後來的經歷證明了這個觀點的正確性。他確實在博士生涯中，學會了解決問題的能力，擁有了戰勝困難的勇氣。他不光自己擁有了這份能力，還一直致力於教年輕人學會這種能力。李開復為了讓自己的員工明白這個道理，還講述了一個故事。

有一個公司的老闆，在創業初期，生意十分興隆，客戶的訂貨電話此起彼落，讓他應接不暇。於是，他一心擴大再生產，他也因此忙得不可開交。

有一次，老闆在美國工作的老同學來拜訪他，見這個老闆電話鈴響不斷，而且都是工作上的事情。老同學感到很奇怪，問他：「你每天都這麼忙嗎？」他說：「是啊！差不多每天都這樣，真沒辦法。」

要告別的時候，老同學語重心長地對他說：「你這麼忙，並不是好現象，這樣下去，公司很危險！」他一聽，不置可否地笑

099

第五章　思考的深度決定未來

了笑:「怎麼可能呢?」老同學說:「請你相信我,因為每一種產品都有固定的生命週期,你整天忙得暈頭轉向,沒時間思考企業下一步將會面臨什麼情況,企業如何應對與發展等問題,等到問題真出現了,你再去思考,就會很危險。」

聽了老同學的話,老闆覺得很有道理,於是,就把一些具體事務交給了下屬經理,而他自己則空出一些時間來思考,思考新產品的開發、企業下一步的發展……果然,不到兩年,企業原來暢銷的產品走下坡了,不過他早有準備,很快就將開發完成的第二代產品投入生產,使企業度過了難關。

如今,這位老闆已經不怎麼管事了,他的主要任務就是「思考」企業的未來。李開復經常向下屬分享這個案例,目的是要求每一個員工都要學會思考,要求員工們懂得檢討當天的工作,並計劃明天的工作。同時,也時常想想下一步的發展。

把一件事情做好並不難,不過要想把一件事情做到最好,則需要多思考、多想辦法,每天腦子轉八圈,因為思考重於傳道,觀點重於解惑。

▍養成思考的習慣,提高思考力

思考,是人生的最大樂趣。

——李開復

養成思考的習慣，提高思考力

每個人都有屬於自己的獨特愛好，這些愛好是我們與他人有所區別的根本因素之一。不過，我們之所以同屬於人類，就是因為我們有很多共同的特性，在這些特性中，也有像我們的愛好一樣，可以為我們提供樂趣的。思考就是其中之一，而且是很重要的一個。

李開復是一個喜歡思考的人，更是一個熱愛思考的人，他也經常跟年輕的朋友們講思考的重要性。在李開復看來，思考是人生最大的樂趣，可以給人力量，幫人解惑，更是能夠讓我們從中收穫很多從別人那裡學不到的智慧。

思考是進步的前提，一個人，只有養成思考的習慣，透過思考發現自己的優缺點，然後將優點放大，將缺點改掉，才能慢慢走向成熟，創造屬於自己的事業。不過，現實中懂得思考的重要性、並有思考習慣的人，好像並不多。李開復就曾遇到過這樣的人，不過不是學生，而是家長。

李開復曾在哥倫比亞大學擔任助教，當時，有位學生的家長向他抱怨，說：「李老師，你們大學裡到底在教些什麼呢？我孩子是電機系的，現在已經讀完大二了。可是，你知道嗎？他現在居然連 VisiCalc 1 都不會用。」

聽到這位家長的牢騷後，李開復回答道：「現代是一個高速發展的時代，技術更新很快，尤其是電腦的發展，可以說日新月異。我們不能保證大學裡所教的任何一項技術在五年以後仍

第五章　思考的深度決定未來

然管用，同時，也不能保證這裡的學生可以學會每一種技術和工具。我們唯一能保證的是，你的孩子在這裡，將學會思考並掌握學習的方法。這樣，無論以後出現什麼樣的新技術或新工具，你的孩子都能夠面對，且游刃有餘。」

家長雖然覺得李開復的回答有道理，但還是不太放心，她接著問道：「那麼李老師，如果如你所說，學最新的軟體不是教育，那教育的本質究竟是什麼呢？」

李開復立即回答說：「我們將學過的知識忘得一乾二淨，最後剩下來的東西就是教育的本質了。」

李開復說的這句話是教育家斯金納（B.F Skinner）的名言。所謂「剩下來的東西」，其實指的就是自學的能力，或者說是思考的方法和習慣。教育的最終目的不是讓學生掌握知識，而是讓學生學會如何掌握知識，這才是最重要的。而思考是達到這一目的的唯一途徑。要明白，不管誰教給你的知識，如果不能透過思考化為自己的，那麼，這知識都是沒有價值的。只有透過思考，讓知識變成自身的一部分，那麼，知識才會在你的身上發揮效力。

以上說的就是思考的重要性。不過，思考不僅重要，它還能帶來樂趣。想想看，一個困擾你的難題，經你一番努力之後，解決了，那快樂肯定是難以形容的。這正是思考的真正價值所在，它可以用人們最樂於接受的方式，為人帶來幫助。

年輕人的社會經驗相對較少，在同樣的環境中，競爭力肯定不如有經驗的人。這時候，想要取得跟別人一樣的成就，就要多想、多動，要養成思考的習慣。在別人休息的時候，你在想問題，那麼，等他休息起來之後，你們之間的差距就會跟以前不一樣了。如果他以前比你厲害，那麼現在這個差距會變小，如果他以前不如你，那麼現在這個差距會變大。思考可以有效縮短奮鬥的時間，還能讓我們付出的汗水得到更多的回報。

因此，我們應該明白，對於成功者來說，思考是必備的條件，同時，也是快樂的泉源。只有善於思考，你才能在自己的人生道路上獲得更快的速度，走得更加瀟灑。

培養辨別力，自然得到智慧

思考能改變世界，當然也能改變你的命運。

—— 李開復

子曰「學而不思則罔」，說的是思考可以幫人解惑，笛卡兒說「我思故我在」，講的是思考可以證明一個人的存在。其實，思考不僅有以上兩種作用，還可以幫我們明辨是非，增長智慧。

李開復曾經說過：「學會思考的方法，讓人終身受益。」在他看來，思考可以讓一個人變得更加聰明，從而對現實做出正確的判斷，也就是所謂的思辨。李開復覺得這是一種智慧，掌

第五章　思考的深度決定未來

握了這種智慧，沒有機遇的時候，可以自己創造機遇；機遇來臨的時候，可以更好地把握機遇。

某個人得了一場病，不得不住院治療，住院是一件很無聊的事情，他閒著沒事做，就找書來看。有一天他看到了一本教人思考的書，一下子就被吸引住了，一口氣就看完了那本書。放下書後，他突然覺得自己以前很傻，思考這麼重要的事情，以前竟然毫不在意。從那天以後，他就開始嘗試著學習思考，掌握了辨別是非的能力。沒多久，他就想到了一個主意。

他記得以前跟一個洗衣店的老闆接觸過，那個老闆說，他們店裡洗完襯衫之後，都會將之疊在一塊硬紙板上。這種硬紙板很便宜，一千張4美元。這個人想，如果將紙板的價格降低，變成一千張1美元，然後在上面印上廣告，向想打廣告的廠商收錢，肯定能夠賺到。

出院之後，他沒有立即行動而是做了一番市場調查，對幾種思路進行了比對，最終確定了一個可行的，便開始行動了。創業初期，由於沒有廣告從業經驗，他遇到了很多難題，不過他都透過努力解決了。

他首先做的是提高服務效率。經過觀察，他發現，那些襯衣板都是一次性的，顧客拿到衣服後，都會隨手扔掉。為了能讓人將紙板留住，他想了很多辦法。他在襯衣板的一面印上了黑白色的廣告，另一半則增加了很多有趣的內容。像有趣的兒

童小遊戲、家常菜單，還有一些小字謎之類的。

不久，他這種做法的效果就顯現出來了。以前，人們去洗衣店取衣服的時候，很少有人會注意到襯衣板，但經他這麼做了之後，大家都會注意到這個不起眼的東西了，甚至有人還會因為店主沒給自己襯衣板而表現出不快。

暫時的成功並沒有讓他得到滿足，他依然在思考著。後來，他又想出了幾個辦法，經過比對之後，他採取了自己認為最為可行的。這個人將自己的前期收入都捐給了美國的洗染學會，染學會收到捐款後，對他表達了感謝，同時也宣傳報導他的事蹟，讓他和他的襯衣板獲得了很高的知名度。同時，他的生意也變得更好了。

思考，是可以助你開啟謎團的鑰匙，更是能夠幫你駛向對岸的航船，它可以給你辨別的能力，在遭遇紛繁複雜的情況時，最快地理清思路。一個想要成就自我的人，需要的就是拿到這樣的一把鑰匙，得到這樣一艘航船，獲得這份能力。它們可以幫我們用最短的時間完成最多的事情，讓我們付出的每一滴汗都有意義，更是能讓我們將夢想化為現實。這，正是其對於人生的作用。

思考是培養辨別力的最好方式，辨別力是智慧的泉源，智慧則是成功的必須。由於年齡限制，年輕人沒有太多的累積和經驗，就需要用最快的速度，完成自我提升，只有這樣，我們

第五章　思考的深度決定未來

才能在最短的時間內取得最大的成績，讓自己變得更加成熟和自如。然後用這份成熟和自如去創造人生。而這一切，都應該從學會思考，懂得思辨開始。

■ 透過提問引發思考

培養思考能力的最好方法就是「多問為什麼」。

—— 李開復

著名物理學家、諾貝爾獎得主李政道曾說：「學問，就是學著問問題，不過，學校裡的學生一般都是學『答』，學習如何解答別人已解決了的問題。」李先生的話可謂相當精準，確實，現在的很多學生都是在重複著前人做過的事情，他們一直尋找的都是別人已經解答過的問題，而少有自己思考的時刻，也不常會多問為什麼。其結果通常就是，老師越教，他們的問題越少，慢慢地就沒有主動思考的意識了。

在李開復看來，一個沒有獨立思考能力的人，是學不好知識的，但是，如果只有思考，而不善於提問，也同樣難以將知識充分鑽研透澈。簡言之，就是透過思考可以將知識理解得更深刻，讓基礎更扎實，而提問則可以使你學會思考，讓大腦變靈活。李開復還說，提問的目的在表達不解和疑惑，這是一種觀點的表達，例如，當我們說「為什麼……」時，其實表達的是

透過提問引發思考

我們對對方所說的並不信服,這就是我們的觀點和態度,透過這種方式表達出自己的態度,之後雙方溝通解決問題,遠比對方直接告訴我們答案來得重要。這正是提問的關鍵所在。

問是一把鑰匙,是思考的催化劑,是深入鑽研的體現。遇到困難時,應該做的是先思考,得不到滿意的答案再去請教他人,而且,不要在得知答案後就滿足,而是要與解答者共同探討,以求開拓思路,同時,還要總結經驗,找出之前自己沒能找到正確答案的原因。

很多經驗豐富的老師都說,經常問問題的學生,其成績往往都要優於那些不愛問問題的學生。這類學生平時接受和領悟知識的速度比較慢,但其理解得往往更深刻,在考試中取得的成績也會非常好。反之,那些平時看起來什麼都懂的學生,往往就會因為所學知識流於表面,而在考試的時候感到茫然,考不出好的成績。由此,也可看出學會提問的重要性,在學習方面,它是比直接得知答案更重要的。

李開復不僅經常告訴年輕人提問對提高思考能力的重要性,也會告訴年輕人如何透過提問引發思考。李開復說,在學術上,有很多重要的發現都是由幾個淺之又淺的問題引發出來的。他還說,很多卓有成就的學者之所以熱衷於教書,就是因為他們能從年輕學生提出的淺問題中找到研究的線索,來完成自己的學術事業。

第五章　思考的深度決定未來

在具體實踐方面，李開復提出，遇到一個問題的時候，首先要進行三步驟式的發問。第一步要問是什麼，也就是指向事實；第二步是問怎麼樣，目的是獲知解決辦法；第三步是問為什麼，也就是其原因。這三個步驟，是很容易引發思考的。經過這三個步驟的梳理之後，即使沒有找到答案，你的思維能力也得到了鍛鍊。原因很簡單，在做這三個步驟的準備時，你已經在思考了，經過這番思考之後再提問，效果就會好很多。因為這是在思考基礎上的發問，是帶著思索痕跡的。

提問之後，就是獲取答案了，在得到答案之後，思考依然不能停止。首先，要分析對方給自己的答案是否準確；第二，想想為什麼這個答案優於自己之前的思考結果；第三，仔細回想自己的思考過程，找出自己沒有得到正確答案的原因，是切入角度不對，還是思維廣度不夠，然後總結經驗。經過這樣的過程後，如果再遇到類似的問題，正確判斷肯定第一時間就會出現在你的大腦裡，因為你對這個領域的了解已經足夠深入了。

要記住，填鴨式的思維能獲得的只是固定的知識，是死的，只有主動思考，才能讓自己獲得活的知識，這些活的知識就是你自身的智慧。在遇到問題的時候不要滿足於答案，而是要透過思考獲得產生答案的整個過程，這樣的答案才有意義。如果堅持這麼做下去，那麼用不了多久你就會發現，在人生境界上，你已經上了一個臺階，再不是原來的你了，而成就，自然也會隨之而來。

錯誤的思考優於正確的不思考

> 不會思考的人很容易被人誤導，很容易放棄那些不容易理解的問題，很容易全盤接受某種理論或思想。
>
> —— 李開復

思考，是提高個人能力的前提，是開啟成功之門的鑰匙，更是守住成功果實的必須手段。一個人如果不懂得去思考，那麼他就不會有進步，沒有進步，未成功者不會得到成功，成功者很難守住自己已收穫的果實。這是思考對於成功的意義，也是思考對於人生的意義。如果你仔細觀察一下，就會明白，那些能在各種領域中取得好成績的人，都是懂得思考的。思考，已經成了這些人的習慣。

李開復也是一個愛思考的人，他認為，思考是人生最大的樂趣，是各種成功條件中最重要的一項。李開復還認為，即使是錯誤的思考，也優於正確的不思考。李開復的這個觀點看起來讓人難以理解，但卻有著深刻的道理。在李開復看來，一件事的正確與否並不重要，一次選擇的準確與否也不能說明問題。擁有發現正確的能力，擁有選擇正確的能力才最重要。這，才是李開復最看重的東西。

關於為什麼錯誤的思考優於正確的不思考，李開復也提出了解釋。他認為，一件事情，特別是日常中的小事，對人的意

第五章　思考的深度決定未來

義是有限的。不過，聰明者會用自己的思考，將這有限的意義進行放大，讓自己從這件小事中，有更多的收穫。而愚蠢的、不懂思考的人則恰恰相反，他們不懂得放大這個意義，而只是按照自己的習慣做事。結果，可能事情做對了，但是這件事卻並沒有給自己帶來什麼啟發。不懂得思考的人從各種事件中得不到提升，沒有累積的過程。所以，當真正的機會出現在他們面前的時候，這些人往往都沒有能力把握，最終導致自己無法得到自己想要的成功。關於這一點，李開復曾講過的一個小故事，很能提供解釋。

在一次演講中，李開復曾跟大學生們講過這樣一個故事。

有兩個人，他們是同事，一個喜歡思考，另一個則不喜歡思考。這天，老闆交給他們一個任務，讓兩個人分別去完成。其實這個任務很簡單，他們不需要花費多大力氣就能完成。不過愛思考的人沒有直接去做，而是想了很多，他想出了三套方案，最後自己排除了一個。剩下的兩個方案中，一套是他們常用的解決辦法，另一套是他自己新發現的，覺得可行的辦法。最後，在這兩種之間，他無法取捨，就決定，用新的辦法試試看。

不愛思考的人沒有經過這個複雜的過程，他接到老闆的指示後，就直接去執行了，結果跟他自己預料的差不多，很快就完成了任務，等他回來交差的時候，愛思考的人還沒有回來。

> 錯誤的思考優於正確的不思考

　　原來，愛思考的人想出的方案不是太可行，雖然也能將事情完成，但是效率會低一些。最後，等他回來交差的時候，不愛思考的人早已經彙報完，回去休息了。愛思考的人彙報完畢之後，沒有回宿舍休息，而是回到了辦公室，尋找自己所制定方案的疏漏之處，並思索如何才能夠避免這種疏漏，得到更好的結果。最後，他成功地想出了辦法，而他的這個辦法，比他們平時用的常規方案要優秀得多。

　　後來，愛思考的人得到了提拔，而那個不愛思考的人還是在原來的職位。不愛思考的人有些不明白，為什麼那個總是有著古怪的想法，而很多時候效率都不如自己高的人會爬上更高的位置。愛思考的人之所以得到了提拔，就是因為他懂得思考，能夠從一件事的具體操作過程中總結出經驗，找到更好的辦法，這份創造力，是一個人最大的競爭力。雖然他有的時候會走些彎路，在效率問題上稍有不足。不過這都不是問題，哪一個創新是沒有付出過代價的呢？他一直在進步。這，才是他成功的根本。那個不懂得思考的人，雖然有時候會做出正確的決定，但總是停留在相同層次，始終沒有進步，那麼，得不到提拔也就是必然的了。李開復講這個故事的用意，就是想要告訴年輕朋友們，思考有時候可能會讓你做出不合適的決定，但卻能讓你在以後做出更多合適的決定，這正是思考的作用。要牢記，即使是錯誤的思考也優於正確的不思考。

第五章　思考的深度決定未來

▋「多疑」不是錯，而是一種正確的態度

做人要獨立，要有主見。

―― 李開復

　　一個人思想的深度來源於其思維的廣度，只有擁有足夠的思維廣度，懂得從不同的角度問問題，保有一種質疑的態度，才能讓一個人擁有更深的思想。而這更深的思想則是成功的基礎。

　　關於思維的廣度問題，畢業於劍橋大學的羅賓，有一番較為精采的論述：「如果學習的題目是一隻玻璃杯，那麼，搞清了它的材料、形狀、具體用途以及加工技術等問題，只相當於完成了學習的一半，因為這是前人已知的。如果要完成整個學習，你還需要進一步提出質疑，如：為什麼它是圓的？如果是方的會不會更好？然後去尋找數據檢驗自己的判斷。」

　　羅賓的話看似普通，但寓意深遠，他的這段話，就是在強調思維廣度的重要性，且明確提出了質疑的功能。在面對一件事的時候，我們只有做到如羅賓所說，對常人不太注意的地方提出質疑，才能讓自己獲得更多、更全面的資訊。

　　英雄所見略同，在羅賓闡釋的問題上，李開復也有著類似的觀點。他認為，一個人想要取得成就，實現自我，就要有一種質疑的精神。李開復覺得，只有「多疑」的人，才能夠看到比別人多的問題，而那些不懂得提問，只知道墨守成規、死守老

「多疑」不是錯，而是一種正確的態度

觀念的人，是必定不能成大事的。

在某次演講中，李開復說：「有句話叫『真理往往掌握在少數人手中』，我們在理解這句話的時候，應該有自己的判斷，要有獨立思考的能力，不能因為是大多數人認可的，或是某個權威說的，就認為是對的。要有一種勇於懷疑的精神。」他認為不論是做學問做研究，還是日常生活、工作職場，都不應該盲從，而是多想幾個為什麼，要學會思辨質疑。只有不斷質疑，才能夠越來越接近真相，最終獲得真理。

李開復還說，遇到一件事之後，如果你有客觀意見，就應該直截了當地去表達，要說出來。假如因為你的意見和大多數人不一樣，就不敢提出來，不敢大膽質疑，那你必將失去進步的機會。要知道，多疑並不是錯，而是一種正確對待事物的態度，是自身成長進步的必然過程。

有一次，一位微軟研究院的研究人員找到李開復，就自己所選擇的研究方向徵求他的意見。李開復了解詳細過程之後，經過了一番認真分析，認為那個研究員選擇的方向有不少問題，於是就大膽表露了自己的想法。這之後，李開復的公司透過一系列的講座，讓員工們了解到：心裡怎麼想就怎麼講，不要把簡單的問題複雜化。李開復自己也經常說，拐彎抹角，言不由衷，不但不能解決問題，反而會浪費大家的時間；不敢表露真實想法，而是瞻前顧後，生怕說錯話，這樣的人只會變成謹小慎微的懦夫。

第五章 思考的深度決定未來

　　當然，李開復認為，多疑很重要，但也要學會正確質疑的方法和口氣，不能一副頤指氣使的樣子，這樣容易引起別人的反感，反而對事情不利。

　　我們要意識到，沒有思辨和質疑，就不會有提升。一個年輕人，如果一味把長官和權威的話當作行為準則，沒有自己獨立的思考，那絕對是難以進步的，就更別說在競爭中脫穎而出了。要明白，如果做到了積極思辨，大膽質疑，那麼，即使你提出的想法有瑕疵，也一樣會得到肯定，會有進步。如果相反，則你只能停滯不前，甚至退步。這正是「多疑」的真正意義，它是一種正確的、進步的態度。

▌擺脫慣性思維的束縛

　　成功者最大的祕密在於，他總是以不同於常人的視角，審視生活中的任何一個細節。

—— 李開復

　　有這樣一個智力測驗：一根普通的蠟燭、半紙盒圖釘、一張說明書，如何用最短的時間將蠟燭固定在木牆上。接受測驗的人們提出了很多答案，其中最簡單的一種是：先用圖釘把圖釘盒釘在木牆上，然後再把蠟燭安放在圖釘盒上。沒有找到最佳答案的人，看到這個答案之後，都會恍然大悟，但是在他們

之前的操作過程中,他們卻花了很長時間,也沒有找到這種簡單的方法。原因很簡單,是他們的慣性思維在作怪,很多人下意識地認為,圖釘盒就是用來裝圖釘的,而沒有想到,它也可以是一種工具。換句話說,以圖釘盒作為蠟燭托,超出了他們的經驗範圍。這,便是慣性思維了。

「慣性思維」是一種人人皆有的思維狀態。有某種「習慣成自然」的便利,所以不能說它造成的都是負面作用。但是,面對事物時,如果始終受慣性思維的約束,就很難發揮創造力。一個人的固有經驗,或者說固有思維,是有益的,可以在很多時候幫我們節省時間、提高效率,但要意識到,凡事都是有利有弊的,不管什麼事情,如果發展到極端,就會產生反效果了。經驗或者思維也一樣,如果我們過度信奉自己的固有經驗和固有思維,那麼,往往就會陷入困境,這時候,慣性思維不但不能幫助我們,反而成了阻礙我們進步的因素。

因此,人要學會累積經驗,同時更要學會鑑別經驗,只有依靠經驗的同時,鍛鍊自己的創造性思維,培養擺脫慣性思維的能力,我們才能更加接近成功。李開復說,很多時候,突破慣性思維,往往會柳暗花明,為我們帶來驚喜和意外收穫。

蘭德(Edwin H. Land)非常喜歡為女兒拍照,他的女兒則是每次都想立刻得到父親為她拍攝的照片。

有一次,他告訴女兒,照片必須要全部拍完,等底片捲回,

第五章 思考的深度決定未來

從照相機裡取出送到暗房處理後才能形成照片,是一個很複雜的過程,需要很多時間。不過,蘭德向女兒做說明的同時,內心卻在問自己:「難道真的沒有可能製造出『同步顯影』的照相機嗎?」

帶著這個想法,蘭德跟很多人溝通過,但是,對攝影稍有常識的人,聽了他的想法後都異口同聲地說:「怎麼可能?」不過蘭德沒有因此而退縮,相反,他覺得非常值得一試。

經過了無數次的實驗,最後,蘭德成功了,他研製出了一種「拍立得相機」,這種相機的功能是完全依照蘭德女兒的希望設計的,至此,蘭德滿足了女兒的願望,而同時,他也擁有了自己的企業,取得了事業上的成功。當回想起這一過程的時候,蘭德認為,自己成功的原因有兩點,一是對女兒的愛,二是懂得思考,能夠擺脫慣性思維的束縛。

李開復說,蘭德是令人羨慕的,也是令人佩服的。他很幸運,不過他的幸運來自自己的努力,正是因為他能夠擺脫慣性思維,才會讓自己的願望達成。如果他也和其他人一樣,認為「同步顯影」是不可能的事,那麼,他的事業肯定也就無從談起了。

身為年輕人,在擺脫慣性思維方面,是有優勢的,因為我們的經驗不多,還沒有達到依賴的程度。這是我們的優勢。而我們要做的,就是發揮這種優勢,在日常的工作和生活中,善於打破習慣性思維的枷鎖,擴展思維的廣度,讓自己也成就一

番事業。要記住，走出慣性思維的牢籠，是增加成功機率的十分有效且可行的辦法。

換個角度思考，更易成功

　　善於從不同角度、用擴散性思考的方法思考問題，就能獲得意外的驚喜。

—— 李開復

　　不管什麼問題，都有多個思考角度。因此，當遇到難題時，沒必要死守一條路走到底，不到黃河心不死。而是應該適時停下來，轉換思考的角度，思維轉換了，很可能就會柳暗花明，使難題不再難解。

　　相對來說，年輕人經驗少，更容易走錯路，就更應該注意角度問題了。我們既不能輕易放棄一個可能行得通的途徑，也不應墨守成規死守老路，而是要盡可能從多個不同的角度來思考、推想。有時候，一個絞盡腦汁也想不明白的問題，如果冷靜下來，調整一下思考角度，可能很輕易就解決了。事實上，很多時候，找不到解決問題的突破口，不是因為問題本身太難，而是因為思考的角度不對，人為地將問題複雜化了。因此，當有些問題無法用常規的辦法解決時，不妨換個角度來思考一下，或許成功的機率會更大。

第五章　思考的深度決定未來

　　有個年輕的歌唱家,有一個美麗的大花園。到附近郊遊的人常闖入玩耍,且不愛護,經常把花園弄得一片狼藉。管家想了很多辦法,但總是無法制止遊客進來。最後,年輕的歌唱家自己想出了解決辦法,他寫了一塊牌子,立在花園入口處。從此,再也沒有人進來了。

　　牌子上寫的是什麼呢?很多人可能會猜寫的是「本園不對外開放」,或「進園罰款」,或「私家花園,禁止入內」。其實都不是,牌子上寫的是:「請注意!如果被園中的蛇咬傷,請盡快去醫院,距此最近的醫院駕車半個小時即到。」看到這裡,相信你肯定已經對這位年輕歌唱家的智慧大加佩服了。確實,他很聰明,在這裡,年輕歌唱家採用了逆向思考,不是對私自闖入者提出警告,而是進行了善意的提醒,但就是這份提醒,讓人望而卻步。年輕歌唱家之所以能夠做到這點,就是因為他轉換了思考的角度,從而一舉解決了管家煞費苦心都未解決的難題,可謂事半功倍。

　　在李開復的人生歷程中,他也曾遇到過失意和沮喪,不過他從未灰心過,每次都是鼓勵自己從不同的角度看待問題,他曾說:「用勇氣改變可以改變的事情,用胸懷接受不能改變的事情。」這話的意思,就是在強調思考問題角度的變化。如果年輕人能夠做到這點,相信生命中的失意和沮喪會少很多。而且,即使遇到失意,也肯定能在第一時間走出困境,這就是轉換思維的好處。

> 換個角度思考，更易成功

遇到問題時，很多年輕人都會受限於慣性思維，從而找不到解決辦法，這對思考問題是不利的，就像這個小故事中講的一樣。

19世紀中葉，很多人聽說美國的加州金礦豐富，便紛紛前去淘金，17歲的農夫亞默爾也是其中之一。然而，加州地區氣候乾燥，水源奇缺，不少人不僅沒有淘到金子，反而被飢渴折磨得幾近半死。許多人都抱怨：如果誰可以給我一壺水喝，我就給他一枚金幣。

看到這種情況，亞默爾不禁有了想法，他想：我年紀小，體格弱，若論淘金絕對比不過這些強壯的人，這裡不是缺水嗎？乾脆我賣水好了。於是，亞默爾退出了淘金隊伍，開始挖渠引水，將得到的水賣給那些淘金者喝。結果，一段時間之後，許多淘金者空手而歸，亞默爾卻靠賣水賺到了一筆可觀的收入。

亞默爾是一個懂得轉換思考角度的人，最後，也正是憑藉這個能力，他找到了一片藍海。在競爭激烈的環境中，他選擇了另外一條路，得到了比大多數人都好的結果。其實，我們也可以做亞默爾所做的事，只需要跳出自己的原有思維，從另一個角度看問題就可以了。

我們要了解，當你把眼光轉向其他方向，換個角度思考時，你將會進入一片未被開墾的地區，在這樣的地區耕耘，肯定能得到更多，成功的機率會更大。

第五章　思考的深度決定未來

第六章
創新，讓你與眾不同

只有那些有勇氣正視現實，有勇氣迎接挑戰的人才能真正實現超越自我的目標，達到卓越的境界。

—— 李開復

第六章　創新，讓你與眾不同

創新需要打破常規

打破常規，才能推陳出新、出奇制勝。

—— 李開復

創新，就是發現前人沒有發現的東西。在很多人的眼裡，創新是件非常難的事情，需要一定的思維能力，需要一定的運氣，需要一定的堅持，是根本無法可循的。其實，這種看法是不對的，至少不夠準確。很多時候，創新也是有方法的，它也有一定的常規。

關於創新的常規，李開復曾經總結過，他認為，打破「常規」，就是創新的常規。在李開復看來某件事，我們都認為應該這麼做才對，可是，如果你將這個固定的思維打破了，從另一個角度尋求解決辦法，往往就能夠得到創新。這是獲得創新的一種方法，更是每個人都應該掌握的一種智慧。在這方面，有個小故事很能說明。

西元 1492 年，哥倫布發現了新大陸。後來，他成了西班牙人民心中的英雄，受到了熱烈追捧。國王和王后也把他當作上賓，還冊封他為海軍上將。可是，並不是每個人都認可哥倫布的成績，當時，有些貴族就瞧不起他，他們常酸溜溜地說：「哼，有什麼了不起的？只要坐船出海，誰都能找到那塊陸地。」

一次宴會上，哥倫布又聽見有人用類似的口吻在譏笑他

了。「他那也叫發現嗎？上帝創造世界的時候，那塊陸地就在了，那也能算是他發現的？哼！」哥倫布聽了之後，沉默了一會兒，忽然從桌上拿起一個雞蛋，站了起來，提出一個奇怪的問題，他說：「女士們，先生們，請問，你們誰能把這個雞蛋豎著立到桌子上？」哥倫布的問題引起了人們的興趣，雞蛋從這個人手上傳到那個人手上，大家都想嘗試一下，可誰也沒有成功。最後，雞蛋回到了哥倫布手上，屋子裡鴉雀無聲，大家都把目光投向了哥倫布，想看他怎樣把雞蛋立起來。

哥倫布不慌不忙，輕輕拿起雞蛋，把一頭在桌上輕輕一敲，蛋破了一點殼，然後，雞蛋就穩穩地立在桌子上了。

「這，這有什麼稀罕的？」賓客們吵嚷著。

「本來就沒有什麼稀罕的，」哥倫布說，「可是，為什麼你們沒有做到呢？」

「你並沒有說可以打破雞蛋啊？」一個賓客狡辯道。

「可我也沒說不能打破啊！」哥倫布依然一副不以為然的態度。

離席而去時，哥倫布留下了一句令人回味的話：「一個很簡單的遊戲，你們卻沒有一個人會做；知道結果後，又嘲笑遊戲簡單，這個現象很有趣。」

聽了哥倫布的話，賓客們一時啞口無言，再也找不到反駁的理由了。

> 第六章 創新，讓你與眾不同

哥倫布是偉大的，他發現了新大陸，誠如那些人所說，他發現新大陸的整個過程，並沒有什麼稀罕的，不過，確實只有他做到了。就像將雞蛋立在桌子上一樣，沒有任何難度，一個小孩子都能夠做到。但在哥倫布公布答案之前，卻沒有人能夠想出辦法。原因很簡單，因為眾人一直在下意識地守著自己心中的「常規」，而哥倫布打破了這個「常規」，所以，他成了第一個將雞蛋豎立起來的人。他的這種打破常規的思維，正是其成功的基礎。可以說，他的事業正是建立在這個基礎之上的。

李開復也曾向年輕人講過這個故事，其用意很簡單，就是想告訴大家，創新並不難，只需要學會打破「常規」就可以了。不過，培養打破常規的意識，卻沒那麼簡單，需要我們時刻保持一顆清醒的頭腦，學會思考，更要學會從不同的角度思考。不過幸好，「李開復們」為我們做出了無數的示範，讓我們有可供參照的對象。

創新是李開復的成功法寶，我們要做的就是學習他的經驗，將他的法寶也變成我們的法寶。只有這樣，我們才有可能像李開復一樣，取得一番成就。

創新來源於對生活的深刻思考

> 創造性想像就是用你的想像來創造你想要的東西。
>
> —— 李開復

> 創新來源於對生活的深刻思考

生活中，我們往往會遇到一些前所未有的問題，這些問題用現在的方法或知識很難解決，需要我們用自己的思考尋找答案，這時候，就要發揮創造性思維的威力了。那麼，創造性的思維來自哪裡呢？估計很多人都沒有思考過這個問題。

關於這個問題，仁者見仁，智者見智，很多人都有不同的解讀方法，很難統一。在各種觀點中，有一種就是李開復提出的，他的觀點是，創造性思維來自創造性想像。李開復認為，一個人先得擁有廣闊的創造性想像能力，才能夠有很強的創造性思維。在他看來，創造性想像的廣度，決定了思維的寬度。思維寬度有了，創造性思維也就不難出現了。這是李開復的經驗，也是他的創新思維的來源。

道理李開復已經闡釋清楚了，那麼，如何才能夠獲得創造性的想像呢？對很多人來說，這無疑是個難題。關於這點，李開復也有自己的看法。他認為，一個創造性思維的產生分為三個時期，第一個時期是準備期，其間要做的是基礎的儲備；第二個時期是醞釀期，這個時期可短可長，中間已經開始對各個環節進行思考了，不過還沒有將各方面因素統一起來；第三個時期就是頓悟期了，由於長時間地準備和累積，創造性的思維很可能會突然出現，讓人有一種豁然開朗的感覺，從而讓人的思維達到一個新的高度，問題迎刃而解。

對於拓寬思維，獲得創造性思維來說，三個時期都很重要，但最重要的還是第三階段。而這第三階段恰好是需要一定的創

第六章　創新，讓你與眾不同

造性想像的，只要聯想能力豐富，不管什麼時候都能夠將思維集中到自己要解決的問題上，那麼，離成功也就不遠了。關於這點，有個小故事可以參考。

畢達哥拉斯是著名的數學家，有一次，他應邀參加一位政要的晚宴。這位主人很有錢，家裡的裝潢很氣派，地上鋪的是正方形美麗的大理石地磚。餐廳很豪華，但上菜速度卻慢了點，有些賓客已經開始抱怨了。但善於觀察和想像的數學家畢達哥拉斯並沒有出聲，他被地磚吸引了。

畢達哥拉斯不只是欣賞磁磚的美麗，而是聯想到了它們和「數」之間的關係，於是，他拿出畫筆並蹲在地板上，選一塊磁磚，以其對角線為邊畫了一個正方形。畫完後，他發現這個正方形的面積恰好等於兩塊磁磚的面積之和。畢達哥拉斯覺得奇怪，於是又以兩塊磁磚拼成的矩形的對角線做了一個正方形，結果發現這個正方形的面積等於五塊磁磚的面積和⋯⋯

經過幾次實驗之後，畢達哥拉斯做了一個大膽的假設：任何直角三角形，其斜邊的平方恰好等於另兩邊平方的和。這就是著名的勾股定理。

畢達哥拉斯不僅是成功的，更是偉大的，他做出過很多創造性的貢獻。從上面這個小故事，我們可以看出，畢達哥拉斯的創造性思維正是來源於其創造性想像。在一般人的眼中，地磚和「數」之間，是不可能有關係的，數學定理和地面也幾乎

不可能有關聯。但是，正是想像到了尋常人不可能想像到的東西，畢達哥拉斯才完成了偉大的發現。這一切，都是其富於創造性想像的原因。

身為一個年輕人，我們要做的就是向這些偉大的、成功的人學習。我們要意識到，不管是畢達哥拉斯還是李開復，他們的身上都有很多特殊亮點，這些地方是我們缺乏的，也是成功者必備的，我們要做的就是學習這些亮點，讓其變成自己的優點，然後，去創造屬於自己的事業。擁有創造性的想像力，絕對是這些亮點中的一個。

做別人沒有做過的事情

創新就是做別人沒有做過的事情。

—— 李開復

所謂創新，就是做別人沒有做過的事情，它需要的是豐富的想像，足夠的專注，和異於常人的思維方式。一個好的創新，可以讓一個企業起死回生，更能讓一個人迎來另一種人生。我們要做的，就是了解創新，然後學會創新，掌握創新。用創新的方式，實現自己的價值，只有這樣，我們的人生才有意義，也只有這樣，我們才能夠獲得自己想要的生活。

李開復常說，要做就做最好的自己，要讓世界因你而不同。

第六章　創新，讓你與眾不同

在做事上面，他也是有著類似的看法的，在他看來，人要成功，就要學會創新，所謂的創新就是做別人沒有做過的事情。在李開復看來，只有轉化思維，大膽行事，做別人沒有做過的事情，才能讓自己在激烈的競爭中脫穎而出，從而取得不俗的成績。在這點上，一個著名的小故事，很能解釋其道理。

哈囉啤酒廠位於比利時首都布魯塞爾的東部，這是一家老酒廠，外表並不起眼，一眼看上去，無論是廠房建築還是生產設備都沒有很特別的地方。但是，了解這家酒廠的人都知道，他們的業績是當地最好的。尤其是其銷售總監林達，是**轟**動歐洲的策劃人員，由他策劃的啤酒文化節曾經在歐洲多個國家盛行。

林達在哈囉啤酒廠很多年了，他剛到這個啤酒廠的時候還是一個不滿 25 歲的年輕人。那時的他，很青澀，也很普通，他喜歡上廠裡一個很優秀的女孩，並找機會表達了自己的愛慕之情。可是，那個女孩卻對他說：「你死心吧，我不會看上一個像你這樣普通的男人的。」經過這次打擊，林達決定做些不普通的事情。

那時的哈囉啤酒廠並不景氣，他們的市場占有率正在一年一年地減少，銷售業績不好，啤酒廠就沒有錢，沒錢就無法做廣告，導致銷售業績更加不好，好像陷入了一個惡性循環，永遠也找不到出路。

> 做別人沒有做過的事情

　　年輕的銷售員林達曾多次建議廠長到電視臺做一次演講，但他的提議都被廠長拒絕了，不是廠長覺得不可行，而是廠長了解自己口袋裡有多少錢。被廠長拒絕之後，林達決定冒險做自己想做的事情，他借了一筆錢，承包了廠裡的銷售工作，決定大闖一番。

　　林達為怎樣去做一個最省錢的廣告而發愁，他不知不覺走到了布魯塞爾市中心的于連廣場，坐落在廣場中心的銅像啟發了他。那銅像是一個小孩，正在用尿澆滅一條導火線，而那導火線是敵人用來炸毀這座城市的。這座銅像來源於一個歷史故事，故事中的主角，正是銅像男孩，他叫于連，而這座廣場，也是以他的名字命名的。林達看到于連像之後，突然決定了他要做一件讓所有人都意想不到的事情。

　　第二天，路過廣場的人們發現，英雄于連的尿顏色變了，仔細一看才發現，銅像噴出的「尿液」不是水，而是色澤金黃、泛起泡沫的「哈囉」啤酒，而銅像旁邊的大廣告牌子上則寫著「哈囉啤酒免費品嘗」。這件事很快就引起了人們的興趣，一傳十、十傳百，沒多久，全市老百姓都從家裡拿來自己的瓶子、杯子排隊接啤酒喝。人們在意的不僅是免費的啤酒，還有這一獨特的創意。這件事在當地引起了**轟動**，電視臺、報紙、廣播電臺爭相報導。年底結算的時候，該年度的啤酒銷售量是上一年的 18 倍。而林達也成了遠近聞名的行銷專家。

　　林達的成功祕訣很簡單，那就是做別人沒有做過的事情，

第六章　創新，讓你與眾不同

正是由於這點，他才獲得了空前的成功。我們要學習的就是林達的這種精神，從不同的角度，用不同的思維來思考問題，進而獲得不同的效果。

要明白，成功其實並不難，有時候，只要做一兩件別人沒有做過的事情就可以了。

▎不盲從就是一種創新

不隨便跟隨別人，才能獲得自己想要的東西。

—— 李開復

創新的方式有很多，將舊事物重新組合是一種創新，做別人沒有做過的事情是一種創新，同時，不盲從也是一種創新。人都有從眾的心理，在看到很多人，尤其是跟自己有相同處境的人做某件事的時候，往往也會無意識地跟風，跟他們一起做。其實，這也無可厚非，但是，如果養成這樣的習慣就不好了，它會扼殺我們的創造力。

關於盲從的危害，李開復有過詳細的闡釋。他認為，一個人沒有財富、沒有事業並不可怕，沒有自己的思想、沒有獨立的意識才可怕，因為這樣會讓你喪失創新的能力。這裡的沒有自己的思想、沒有獨立的意識，指的就是盲從。由此可見，李開復對於盲從的態度，是堅決否定的。事實上，李開復的這種說法

不盲從就是一種創新

非常有道理。人和人是不一樣的,思維不一樣,處境不一樣,我們很難用別人的方法達到自己的目的。更重要的是,如果一件事,每個人都在用同一種方法做,那麼,其效果也就等於沒有人在做。因為人們無法分辨這件事到底是誰做的。盲從,是永遠也無法引起別人關注的。

1966年,物理學家丁肇中重做了一個當時世界上最重要的實驗,即測量電子的半徑。關於電子是否有半徑,如果有是多少,物理學界早有討論。早在1948年,理論物理學家根據量子電動力學的理論,推測得出電子沒有體積的結論。這個結論得到了人們的認可,但是,到了1964年,一位實驗物理學家進行了實際測量實驗,最後,他得出結論,電子是有半徑的,並公布了測量結果。

這個物理學家公布了自己的研究結果之後,引起了很多人的注意。隨後,多位物理學家都進行了這個實驗,他們的結論一致,得到的數據也相差不多,因此,出現了實驗結果和理論推導不符的情況。

這個現象也引起了丁肇中的注意,他首先對理論進行了研究,得出的結果是理論推導過程沒有任何問題。於是,他認為,是那些物理學家在實驗中有操作的失誤,或者是用錯了實驗方法,所以才得到了與理論不符的實驗結果。有了想法之後,丁肇中決定自己做一個實驗,驗證一下,到底哪一個是正確的。於是,就有了1966年的丁肇中測量電子半徑的實驗。

第六章 創新，讓你與眾不同

　　最終，丁肇中透過實驗，確定了電子是沒有半徑的。他的實驗結果公布後，得到了人們的認可，這一爭論也正式結束。後來，丁肇中在總結這件事的時候，得出的體會是「做物理實驗，不要盲從專家的結論」。

　　丁肇中得出的結論和李開復的看法不謀而合，說明成功者都是有共同特質的，他們有自己的特點，更有自己的思想，所以，他們才能夠在各自的領域取得成功。而不是像那些盲從的人，只知道做別人做過的事情。要知道，跟在別人的後面，是不可能取得成就的。

　　很多時候，道理大家都明白，但是真正去做的時候，往往就是另一回事了。在盲從方面，也是一樣。很多人也都知道不應該盲目追隨別人，應該有自己的想法，有自己的思考，但是，真正做事的時候，往往就會下意識地跟隨在別人身後，做一個跟風者。直到失敗之後，才發現，自己犯了盲從的錯誤。

　　這種現象是可以理解的，也是可以改變的。首先，我們要對盲從的危害有清醒的體認；然後就是，在做一件事的時候，不要急著動手，而是要先冷靜下來，想想前因後果，看看身邊的人是否在做，評估一下自己做了是否會成功，然後再動手。不要覺得這個過程是沒有決心的猶豫，這個過程是蒐集整理資訊的過程，是保證成功的基石。如果這個基礎打好了，自然就不會盲從了。要記住，不盲從就是一種創新，這種創新是可以給你帶來人生輝煌的。

創新在新，不在大小

> 創新在新，不在大小，再小的創新，也能產生新事物。
>
> —— 李開復

彼得‧杜拉克（Peter Drucker）是一位著名的管理大師，他曾經說：「行之有效的創新，一開始可能並不起眼。」其意思就是說，很多時候，那些看似偉大的創新產品，可能都是從一個小小的改變、創新開始的。透過這句話我們也應該明白，創新並不一定要發明改變世界的東西，很多時候，只是在一個方面或對一個事物進行小小的改變，做一個小的創新，也能產生很大的效果。明白了這個道理，就應該了解，創新並不是什麼難事，主要看你的態度。如果態度端正了，小小的改變也完全可以打造全新的產品。

正所謂英雄所見略同，在這方面，李開復也有著與杜拉克相似的看法。創新未必要求你一定要開創一個前所未有的行業或領域，很多時候，只是對現有事物進行一個小小的改變就可以了。而這種小小的改變，往往可以給我們帶來另一番不同的天地。我們先來看一個故事。

她是一家旅館的服務生。一天，一位客人請她幫忙買一塊香皂。聽了客人的話，她不禁有些緊張，以為是自己忘了為客人的房間配拋棄式香皂，便連忙道歉，表示馬上就補上。客人起

第六章　創新，讓你與眾不同

初一頭霧水，聽了她的解釋後，笑著跟她說，房間裡有拋棄式香皂，不過他認為拋棄式香皂太小，不好拿，用起來不方便，所以才要自己買一塊新的。

聽了客人的解釋，她懸著的心才踏實下來，去幫客人買了大香皂。第二天，那位客人走了，她收拾房間時，看到昨天買的新香皂只用了一點點，而房間配備的拋棄式香皂包裝已打開，也不能再用了。她將兩塊香皂扔進垃圾桶時，忽然冒出一個想法，外出的人不喜歡帶香皂，而飯店酒店為了避免浪費而提供的拋棄式香皂又不實用，能不能有一個折中的辦法呢？

沒多久，她就想出了一個辦法：如果設計一種新香皂，中間是空心的，只有外面一層可以用，這樣不就既用起來方便，又不浪費了嗎？

第二天，她找出女兒玩耍用的塑膠球，然後將家裡的香皂削成小小的薄片，一點一點貼在了塑膠球上，做成了一個簡易的空心香皂。然後，就拿著這個產品出門了。她來到了市內的一家大酒店，櫃臺經理看到了她的產品之後，很感興趣，並鼓勵她先去申請專利，之後投入生產，還要求上市後給他們酒店優惠。

得到了那位櫃臺經理的鼓勵後，她更加自信了，她接受了對方的建議，遞交了專利申請資料，幾個月後，她拿到了「空心香皂」的專利證書。這對她來說，無疑是一個巨大的鼓舞。

> 有時候，新事物只是舊事物的重新組合

有了專利證書之後，就是生產的問題了，她走訪了很多這方面的專家，又經過了一系列的研究和試驗，最終，將自己的創意轉化為了具體的產品。產品出來之後，引起了各大酒店飯店的熱搶，她也由原來的旅館服務生變成了身家數十萬的女老闆。

故事中服務生的成功經歷，是對李開復的看法的最好印證。它告訴我們，很多時候，我們並不需要像愛迪生一樣，發明世界上原本沒有的東西。而是，只需要在現有事物的基礎上做一個小小的改進就可以了。就像那個服務生，她沒有改進香皂生產的配方，也沒有研究出替代香皂的新式清潔用品，不過是將現有的香皂換了一個呈現形式，僅此而已。但誰又能說她所做的不是創新呢？

由此可見，創新有時候很簡單，並不需要多高的技術，也無需太高的學歷，只要懂得用心，普通人一樣可以創造出新的東西來，從小事開始就可以了。重視每一個小的創新，要明白，小的創新一樣可以打造全新的產品。

有時候，新事物只是舊事物的重新組合

有時候，重新排列也是一種創新。

—— 李開復

第六章　創新，讓你與眾不同

　　創新是現代的熱門詞彙，幾乎每個人都明白，創新很重要。但是，很多人提起創新就會頭痛，他們認為，創新太難了。其實，這些人也並非沒有創新的能力，不過是他們搞錯了創新的含義。我們要知道，創新並不一定非要製造出一個從來都沒有出現過的東西，或者開闢一個從來都沒有人涉足的領域。很多時候，小小的改變就是一種創新，將舊事物進行重新組合也能產生創新。所以，想要創新並不一定要學習太多的東西，有時候，只要有一雙善於發現的眼睛，一顆喜歡想像的頭腦就可以進行創新了。

　　李開復是一個懂得創新也善於創新的人，他也一直在跟年輕人分享自己在這方面的經驗。在李開復的經驗中，有一條是，有時候，將舊事物進行重新組合，就是一種創新。關於這點，李開復還講過一個小故事，以便大家更容易理解。

　　普樂士是一家專門經營文具的公司，不過他們做得並不好，造成了大量產品的滯銷，公司眼看著就要破產了。在普樂士公司中，有一個年輕的女員工，她看到了公司的現狀，感到很擔心，便決定，透過自己的努力，讓公司變好一點點。她覺得哪怕自己的努力發揮不了任何作用，也總比等著公司倒閉來得好，那樣的話，她會自責的。

　　經過細心觀察，那名女員工發現，顧客買東西的時候，往往不是只買一件，而是同時買上兩到三件商品。顧客們的這個習慣，引起了女員工的思考。經過了一番調查和思索之後，女

> 有時候，新事物只是舊事物的重新組合

員工想出了一個辦法。她覺得，公司可以試著推行文具套組。

所謂的文具套組，就是將文具組合在一起，用一個特製的小盒子裝好，上面印上好看的花紋，然後出售。這個女員工想得很周到，她準備了很多不同的組合，比如說針對學生的套組，是用鉛筆、削鉛筆機、橡皮擦、直尺、圓規等文具組合的。而針對辦公室人員的則往往會有圖釘、迴紋針等他們能用到的東西。

這個組合看似簡單，但卻受到了消費者們的歡迎，推出之後，很多人都來買。大家覺得這種方式大幅減少了自己的購物時間，感覺更方便了。其實，這種組合銷售的方式，是比之前更貴。但是消費者並不太在意。一般的消費者都認為，如果同時買好幾樣文具的話，很花費精力，他們要比對挑選好幾次。比如買鉛筆和削鉛筆機，要在鉛筆堆裡選一個喜歡的，還要到削鉛筆機堆裡選一個喜歡的，很是麻煩。但組合的方式好了很多，首先，這是銷售人員幫忙組合的，他們對產品的了解更多些，一般也都選得比較恰當。另一點就是不需要再分次挑選了，節省了很多時間。所以，即使貴一些，消費者們依然覺得划算。

不久，瀕臨倒閉的普樂士公司起死回生，不但轉虧為盈，更擴大了規模，成了風靡全球的文具經營公司。

這個故事證明了創新的作用和創新的本質。從這個故事可以看出，一個小小的創新，就可以拯救一家公司，同時，創新

第六章　創新，讓你與眾不同

也未必就是有很高科技含量的事情，更未必要締造出一種原來沒有的事物。有時候，換一個角度，轉變一個想法，也是可以發揮創新的作用的。它讓我們明白，創新其實很簡單，最主要的是看你是否有心。如果你是一個有心人，足夠努力和專注，那麼，不需要創造出新鮮事物來。像那個女員工一樣，將原有的東西重新排列組合一下，就是一個非常有用的創新。

很多時候，新事物只是舊事物的重新組合，這是李開復教給我們的創新之道。我們要做的就是記住它，並將之付諸實踐，用自己的智慧，去創造屬於自己的人生。

做好細節，就是一種創新

對細節的關注程度，是決定一個人能否成功的重要因素之一。

—— 李開復

李開復曾說過：「創新要做的是具體的事，想要創新就要在細節上下功夫。」任何事物都是由無數個細小的環節組成的，這些細小環節的累積，組成了各種龐大的事物。不過，很多時候，人們只在乎整體的龐大，卻很少看見組成部分的細小。這就造成了對細節的忽視，這種忽視是要不得的，它可以讓一個美好的事物失去光彩，也能夠讓原本能成功的事情走向失敗。

> 做好細節，就是一種創新

在很多成功者看來，細節都是不能忽視的，他們認為，細節看起來很小，但是如果足夠重視，做好細節上的改變，那麼，慢慢累積之後，就會產生質變，最後給人帶來意想不到的收穫。這個觀點，是成功者們的共識，更是每個年輕人都應該學習的。

關於透過把細節做美、做深、做足而取得成功的故事很多，不過有一個故事絕對是影響巨大的，那就是著名的「一生磨一鏡」的故事。

范‧雷文霍克（Antoni van Leeuwenhoek）出生於西元 1632 年，他的故鄉是荷蘭的台夫特城。雷文霍克的童年並不幸福，他父親過世很早，所以，他國中還沒有畢業便不得不離開了學校，到阿姆斯特丹的一家雜貨舖裡當學徒。雜貨舖的隔壁是一家眼鏡店，由於離得近，兩家店的店員經常來往，漸漸地，雷文霍克就和眼鏡店裡的工匠成了朋友，跟他們學習磨製玻璃鏡片的技術。

幾年後，雷文霍克離開了阿姆斯特丹，回到了自己的家鄉台夫特城，找了一項為市政府守大門的差事。他的工作內容很瑣碎，每天打掃門前垃圾，定期爬上鐘樓向全城居民報告時間……工作極為簡單，收入也僅夠生存，但這位青年在這裡一做便是 60 多年。

雷文霍克的業餘生活很簡單，空閒的時候，他一不打牌下棋消磨時間，二不泡茶館、酒館，而是耐心地研磨鏡片。由於

第六章 創新，讓你與眾不同

之前跟眼鏡店的工匠學過研磨技術，加上雷文霍克本身做事就很仔細、很認真，所以，他研磨出的鏡片非常精緻，連微小的細節都做到了完美。

後來，雷文霍克用自己研磨的鏡片做成了複合式顯微鏡，並用其觀察大自然。他透過雨水、汙水、奶油、腐肉、酒、血液、頭髮、肌肉和牙垢等，進入到了另一個世界。在那個世界裡，他接觸到了無數微小的細菌。雷文霍克為自己的發現感到欣喜，也感到驕傲，他將這些發現都寫成了信，寄給了英國皇家學會，其中附有大量繪製了球形、桿狀、螺旋形細菌和原生動物的圖畫。不久，雷文霍克就因創造奇蹟而名聲大噪，搖身一變，成了英國皇家學會會員和巴黎科學院院士，人類歷史上第一個發現細菌的人。英國女王訪問荷蘭時，還專程到台夫特城與這位著名的荷蘭科學家見面。

雷文霍克成功了，而他的成功，源於其對細節的重視。正是重視每一個細節，用自己的專業將它做到極致，最後產生質變，才讓他有了後來的成就。雷文霍克的故事告訴我們，處在什麼位置不重要，是否懂得努力、用什麼樣的方法努力才重要。如果你足夠努力，並做好了每一個細節，那麼，即使你是一個守衛，一樣能夠在科學的海洋中攫取寶藏，成為人類最頂尖的人才。

細節是微小的，但絕不是微不足道的，事實上，它們非常重要。如果將各個細節都做好了，那麼，遲早會產生質變，讓你獲得前所未有的成就。我們都在追求創新，卻少有人懂得如

何創新。其實，做好細節，本身就是一種創新，這是李開復的成功經驗，這個經驗，在雷文霍克的身上也得到了驗證。正是由於對細節的把控，雷文霍克創造了一個新的世界。

身為年輕人，需要掌握的就是前人用自己的實際經歷獲得的經驗，如果能將這些經驗變成自己的財富，那麼，你就必然能獲得成功。

世界不需要沒有用的創新

客戶認可的創新才是有用的創新。

—— 李開復

創新是民族發展的動力，更是個人取得成功的必要因素。一個民族只有擁有了創新的能力，才能夠讓自己更加強大。個人也一樣，只有掌握了創新的能力，才可以讓自己更加成熟，最後走向成功。

李開復一直是一個重視創新的人，也是一個懂得創新的人，無論是他所學的科系，還是畢業後從事的職業，一直都是跟創新相關的。離職創業後，他所做的事情依然是創新，就連公司的名字，也叫做創新工場。可見，創新，在李開復的心中有多麼重要的地位。在李開復看來，想成就一番事業，創新是最基本也最重要的，如果沒有創新，那麼，基本就會一事無成。不

第六章 創新，讓你與眾不同

過，李開復看重創新，但更看重有價值的創新。他認為，創新的真正意義在於是否能夠為社會帶來便利，是否擁有一定的價值，如果沒有這些，那麼，再絢麗的創新也是無用的。而他之所以會形成這一思維，跟他的某次失敗經歷是分不開的。

在 SGI 工作期間，李開復曾經帶領自己的部門，做過 3D 動畫的開發。在當時，3D 動畫的發展還處於初級階段，而李開復所在的公司，在這方面有著最強的技術和最豐富的經驗，這是他們的強項所在。同時，他們也認為，讓 3D 走進網路，將是一件非常動人、非常絢麗的事情，到時候必將會引起**轟**動。

就是在這種情緒的影響下，李開復和他的同事們開始了 3D 動畫的研究，他們將自己認為最華麗、最酷的東西都應用到了研究當中。據李開復描述，那段時期，他和他的同事們都很興奮。一想到自己研究的專案被應用到現實中後會有多酷，他們就會激動不已。那段時間，他們的腦子裡充滿了各種幻想，基本上都是跟成功有關的。

不過，世間事就是這樣，不如意者十之八九，等到產品開發出來後，並沒有像他們想像那般受到熱烈追捧。最後，他們檢討的時候，才意識到，團隊犯了大錯了。他們一直在按照自己的想法設計產品，而從來都沒有考慮過使用者的感受。生產產品中最重要的一環，使用者經驗，被他們忽略了。所以，雖然他們的產品很酷、很炫，但完全沒有用。

世界不需要沒有用的創新

這件事對李開復和他的同事們的打擊是很大的，同時，它帶來的後果也很嚴重——不能為公司帶來利潤，那麼，公司就不會一直讓這個部門存在。

最後，李開復透過其他方式解決了這個問題，他們找到了一家願意應用他們的技術的公司。而在跟那家公司合作的時候，李開復做了路線上的調整，不再一味閉門研究了，而是根據客戶的需要，進行方向上的改變。這次，他們做出的產品不僅絢麗，也被客戶認可了。而李開復也從這次經歷中學到了一個道理，那就是「世界不需要沒有用的創新。」

相對於李開復來說，現在的年輕人是幸運的，因為李開復發現「世界不需要沒有用的創新」付出了很大的代價，而我們，只要聽從他的規勸就可以了。這，正是我們的優勢所在，我們雖然沒有足夠的經驗，但是可以借鑑前人的經驗。尤其是像李開復這種成功者的經驗，沿著他們的腳步，我們肯定可以走得更好。

在人生的路上，需要掌握的東西很多，但創新絕對是極其重要的一個，不過要先搞清楚，什麼樣的創新才是有用的創新，才是能夠給我們帶來回報的創新。在進行創新的同時，也要抬頭看看方向，不要將自己的力氣花在不可能獲得產出的東西上，那是沒有意義的。我們要做的就是培養自己的創新能力，同時也要加強鑑別能力的鍛鍊，要記住，創新重要，有價值的創新更重要。

第六章　創新，讓你與眾不同

第七章
創新，讓你與眾不同

不要把不確定的或困難的事情一味擱置，消極的解決和決定將使你喪失全部機會。

—— 李開復

第七章　創新，讓你與眾不同

▍人貴有自知之明

每個人都有條件在超越自我的基礎上不斷取得成功。

—— 李開復

古人常說，人貴有自知之明，一個人只有了解自己，知道自己適合做什麼、能做什麼、想做什麼，才有能力掌握住人生方向。如果連自己都認不清，那麼是很難成就一番事業的。不過，現實中僅僅認清自我是不夠的，認清之後，還要改變並突破。只有這樣，才算是具備了成功的基礎。

關於看清自我，李開復也有其獨特的見解。李開復常說「世界因你而不同」，在他看來，人生一世，每個人都要有這種讓世界因自己而改變的精神，而想要做到這點，首先要做的就是看清自己。要搞清楚自己的優勢在哪裡，自己的喜好在哪裡，自己的夢想在哪裡。搞清楚這三個問題，是取得成功的基礎。

有了基礎之後，就要開始奮鬥，在奮鬥的過程中，更是要保持頭腦的清醒，要時時審視自己，看清自我，及時發現問題，之後改變並突破，如果做到了，那麼成功自然就是水到渠成的事了，做不到，很可能就要遭遇失敗。

李開復曾講過自己下屬的故事。他有一個下屬，自覺能力嚴重不足，總是看不清自己的斤兩，覺得自己很厲害，別人都不行。那人也有些才氣，但明顯被他自己人為放大了，所以，

> 人貴有自知之明

他常覺得自己沒有受到重視，被小看了。他不喜歡自己所處的職位，覺得過於低微，同時也經常不分場合地自吹自擂。比如，他就曾在自我評價當中寫道：「雖然我非常謙虛，但我還是要實事求是地說，我是有史以來最卓越的。」

最後，李開復的這個下屬申請離開李開復的部門，理由是李開復不了解他，沒有意識到他的才華。當他信心滿滿地去其他部門找職位的時候，才知道，自己在這裡並不受歡迎，沒有人願意給他好的職位，最後只能悻悻地離開公司，成了一個職場的失敗者。

這個人就是沒有看清自我的典型，他不知道自己的優勢在哪裡，也不明白自己的能力有多少，他所具有的是一種盲目的自大，結果就遭遇了失敗。

這個人離開公司後，管理層又派了一個人給李開復，接替離職者的工作。新來的這個人能力很強，為人也很謙虛。但他在新位置上工作了一段時間，成果並不理想。不過他最為人稱道的就是有自知之明，能看清自我。發現工作不理想之後，他就開始反思，最後得出的結論是，自己這些年升遷太快，沒有做好各方面的準備，所接觸的工作都是剛了解到皮毛，就被調任到另一個職位了。

想明白之後，這個人決定突破自我以獲取成功。他找到了李開復，主動要求降一個級別，從更簡單的事情做起，全面了

第七章　創新，讓你與眾不同

解現在的部門，累積日常經驗。李開復同意了他的要求，而他也確實沒有讓人失望，在新職位上做得很好。經過了幾年的沉澱，這個人取得了更大的成就。

想要做出一番事業，不僅要了解形勢，更要了解自己，只有將兩者都了解了，然後找一個契合點，成功的機率才會更高。在李開復講的故事中，顯然前一個員工並不了解自己，而後一個員工是了解自己的，更重要的是，後來的人不僅了解自己，還懂得改變自己，勇於突破自己，這才是最關鍵的。

人都是有一定的私心的，我們往往都會過於相信自己的能力，這是自信心的一種表現，但是也要有一個限度。不過，如果拿捏不好，很可能就會將自信變成自大，就像李開復的前一個同事一樣，搞不清狀況，最後只能帶著自己近乎狂妄的自信灰頭土臉地離開，這是要不得的。我們要的是看清自我，並懂得改變和突破。當發現自身的優點時，要學會將其展現出來；當發現自身的缺點時，要勇於承認，並積極改正。只有這樣，才能讓自己得到更快的提升，也只有這樣，才能讓自己在通往成功的路上不脫隊。

年輕人一定要明白，看清自己是一種智慧，看清之後，改變並突破是一種能力。只有將智慧和能力集於一身，才能得到自己想要的成功，才能成為最卓越的人才。

別讓弱點成為你人生的絆腳石

在他人面前不遮掩自己的弱點，代表對自己有足夠的自信。

── 李開復

古人常說，「金無足赤，人無完人」，每個人的身上都有優點，也有缺點，這些優缺點組成了我們的全部，伴我們成長。正是因為它們的存在，我們才顯得真實。一個沒有優點，或全是優點沒有缺點的人是不可想像的，也必定是不得人心的。不過，我們也必須體認到，人不可能沒有缺點，並不等於可以放任自己的缺點，如果一味放任自己的缺點，讓其發展成弱點，那麼，我們將會失去很多重要的、美好的東西。

李開復對此也有類似的看法，他認為，對於自身的缺點，我們不必抱著追求完美的心態，將其全部摒除，但也絕不能放任，任其變成弱點。一個人，一旦有了弱點，而又缺乏戰勝自我的勇氣，那麼，想要成功就難了。李開復認為，想要成功，就要有一種勇於突破自我的勇氣，憑著這種勇氣去戰勝自己的弱點，這樣，才能夠實現自己的價值。如果發現弱點之後，不去改變、克服，那麼，注定會一事無成。他一直提醒年輕人要注意，別讓弱點成了人生絆腳石。

一個小男孩，生性靦腆，一見生人就臉紅。上學後，因為過於害羞的性格，他始終不願和其他小朋友一起玩，天天都是

第七章 創新，讓你與眾不同

看著別人遊戲。他也曾想加入，但始終沒有這個勇氣。更讓孩子父母焦急的是，他彷彿有學習障礙，始終沒辦法將注意力全部集中到學習上。上課時，每次都是認真聽講不到五分鐘，就開始走神。

就這樣，這個孩子一路升到了高中，依然無法將所有的精力都用在學習上。由於這個原因，他的成績一直不太理想，第一次參加高考的時候，他落榜了。後來，又經過了一年的努力，他從早到晚死啃書本，終於勉強進入了一所大學。

進入大學後，他又恢復了原來的狀態，無法集中精力學習，最終他沒有拿到文憑，只能悻然空手走出了學校的大門。因為沒有學位，他只能選擇當業務，做銷售。銷售是一門語言的藝術，是需要跟客戶溝通的。這個大男孩雖然年紀在增長，但其害羞的個性始終沒有改變。大學的時候，他甚至都沒跟班上的女生說過話，因為不敢，他一張嘴就會臉紅。

到現在，要上班了，男孩知道自己再這麼下去，這輩子就毀了，他明白自己的弱點，也明白如何才能戰勝這些弱點。但他以前始終沒有這份勇氣。這次，他想改變。

上班的第一天，他就暗自下決心，要改變，他強迫自己，見人就要打招呼，不管是否認識，不管人家是否理自己。培訓的時候，他總是搶著回答，不管會不會，他都要第一個站起來，遇到不會的問題，就跟講師說一聲不會，然後坐下，遇到

別讓弱點成為你人生的絆腳石

會的問題就盡量多說,而且,他還一直強迫自己提高音量。

一個星期過去了,他突然發現,以前自己給自己設定的那些心理障礙根本就沒有道理,那不過是一種自我封閉罷了。想明白了這些,又看到自己的改變,他拿起公事包,去見客戶了。

第一天,他被拒絕了三次,第二天四次,第三天五次。之所以每天被拒絕的次數都在增加,並不是他一天比一天不敢說話,而是他每天敢去面對的陌生人增多了。一個月後,他已經成了一名合格的業務了,半年後,他當上了公司的銷售冠軍。

如今他已經是一家公司的老闆了,手下有幾百名員工,相對於同齡人來說,他是成功的,更是值得驕傲的。不過他真正感到驕傲的地方並不是自己開創了一番事業,而是他曾經靠著努力戰勝了弱點,他始終因自己是一個勇於挑戰自我的人而感到驕傲。

故事的主角是可敬的,其值得尊敬的地方就在他的精神,他勇於挑戰自我。這種精神正是李開復強調的那種,年輕人應該有的精神。一個人,只有勇於挑戰自我,勇於面對弱點,才能夠成就大事。如果不能戰勝自己的弱點,那麼,你將永遠也走不出自己為自己畫的惡性循環,只能在裡面打轉,最後成為一個平庸的人,甚至是失敗者。

想要成功,就要拿出勇氣,挑戰自我,而不是自暴自棄,讓弱點絆住了人生。

第七章　創新，讓你與眾不同

▎勇於表達自己的想法

只有那些有勇氣正視現實，有勇氣迎接挑戰的人，才能真正實現超越自我的目標，達到卓越的境界。

——李開復

對任何人來說，最難戰勝的都不是挫折和困難，而是自我。一個人想否定自我是非常難的，想挑戰自我同樣很難。不過，能夠完成艱難的事情，離成功就不遠了。所以，如果看看那些成功者的履歷，你就會發現，他們大都做過挑戰自我的事情。這是他們的共同特質，也是其成功的祕訣之一。李開復是一個成功的人，他也做過挑戰自我的事情。在李開復看來，一個人想要成功，就要擺脫心中的怯懦，勇於挑戰自我。他認為只有戰勝了自己心中的那份怯懦，才能更加接近成功。

在蘋果公司的時候，李開復手下有一個團隊，這個團隊的經理是李開復上司的朋友，而這個團隊負責的專案，也是李開復的上司最為看重的。不過，這個團隊雖然很重要，但成績不怎麼樣，一直做得不夠出色，甚至可以說有些糟糕。李開復心裡明白這一點，但他一直沒有說出來。因為老闆重視這個團隊，所以，李開復沒有勇氣說出自己的想法，他怕惹老闆不開心。

後來，李開復由於各種原因，決定離開蘋果公司。他覺得，在蘋果的這些年，公司對自己不薄，現在自己要走了，一定要

> 勇於表達自己的想法

處理好後續事務,要對公司負責,不能留下遺憾,以免後悔終生。這時候,李開復又想起了那個團隊。他認為,必須將這個團隊裁掉,老闆不高興也沒辦法,自己不能留下一直賠錢的部門而離開,如果這麼做,他心裡會愧疚。

當李開復內心忐忑地將自己的計畫執行了之後,沒料到,很多員工不但沒有對李開復裁掉自己所在部門的行為不滿,反而認為他做得對,是一個有擔當、有魄力的人。而且,公司高層也認為這是好事,不但沒有責怪李開復,反而認為他能夠及時糾正錯誤,是一個有擔當的人。他的直屬主管也表示了,這是一個正確的決定。

透過這件事,李開復明白了一個道理,人不能被自己嚇住。有時候,我們會在內心設想出很多困難,然後用這些困難去阻止自己的行為,其實,這都是不必的。做事不能患得患失,更不能瞻前顧後,顧慮太多。如果知道怎樣是對的,就要勇敢去做,當你真的走出那一步之後,就會發現,事情其實很簡單,不過是自己想得太複雜而已。李開復覺得,人要成功,就得有勇於挑戰自我的決心和勇氣,將決心和勇氣推高一個層次,你離成功就會近一步,慢慢地,成功就在你的掌握中了。

李開復悟出的道理其實並不深奧,相信很多年輕人也明白這個道理。但是想要做到,就沒那麼容易了。人生最大的困難就是戰勝自己,它需要的不僅是勇氣,還有魄力,只有足夠的勇氣和魄力,才能夠挑戰自我的決心和勇氣。

第七章 創新，讓你與眾不同

想要這種勇氣和魄力，需要平時的鍛鍊，我們不僅要從成功者身上借鑑經驗，還要學會自我激勵。每戰勝一個小的挑戰的時候，都將其視為一種成功，以激勵自己。漸漸地，養成挑戰自我決心和勇氣的習慣，一步步前進。等累積到一定的程度時，你就會發現，不管是在決心上還是在勇氣上，你早已經前進了一大步了。屆時，成功將不再遙遠。

我們必須要理解到，之所以不成功不僅有外部機遇的問題，更有自己內部的問題，只有將兩者都解決掉，才有更多成就自我的可能。所以，應該趁著年輕，向李開復這樣的人學習，學習他們的成功經驗，藉此一點點改變自己。拿出信心來，慢慢挑戰自我的決心和勇氣。如果你做到了，那麼，你必將會散發出耀眼的光芒。

▍做自己命運的主人

成功就是按照自己設定的目標，充實地學習、工作和生活，就是始終沿著自己選擇的道路，做一個快樂、永遠追逐興趣並能發掘自身潛能的人。

—— 李開復

每個人都想成就人生，不過卻少有人能夠實現自己的願望，其中的原因有很多，沒有找對方向絕對是非常重要的一個。很多

做自己命運的主人

時候，人們往往都是將自己的命運寄託在別人身上，靠等待，或者想靠著別人的提攜取得自己想要的東西。其實，這是不對的，要記住，人生是自己的，能為它做主的也只有你自己，別人的提攜或幫助是靠不住的。試想，本來屬於你的東西，可連你自己都不在意，又有誰會幫你在意呢？

關於這點，李開復曾在他的書中引用了一句話：「我不能，別的任何人也不能代替你走過那條路，你必須自己去走。」說的就是這個道理，人生是自己的，要自己去掌握，想要成功，就得學會做自己命運的主人，只有這樣，你的人生才能足夠精采。這是李開復的理念，更是他的行動準則。

2009年8月，李開復乘機來到了舊金山的Google總部，迎接他的是他的老闆尤斯塔斯，Google公司的高級副總裁。

李開復這次來見自己的老闆，不是彙報工作，而是辭職。這個消息讓他的老闆很吃驚，他看著李開復驚訝地說：「啊？怎麼了？你知道，我是想跟你續約的，而且還為你準備了比之前更好的待遇，如果你有什麼要求，儘管提就可以了……」

尤斯塔斯說了很多，他的意圖很明顯，要李開復留下，而且從他的談話中，也能看出他的真誠來，他確實給李開復開出了很優渥的條件，優渥到常人難以拒絕。不過，最後李開復依然沒有改變自己的主意，他跟自己的老闆說：「我要去創業了，我要靠自己的努力搭建一個平臺，創造出一批高科技新型企業。」

第七章 創新，讓你與眾不同

據李開復後來描述，當時他的老闆用奇怪的眼神看著他，給人的感覺就是，尤斯塔斯覺得眼前的這個人瘋了，竟然不顧Google開出的優渥條件，而想到亞洲創業。不過，最後尤斯塔斯沒有繼續堅持，他已經看出了李開復的決心，知道不可能挽留了。

就這樣，李開復踏上了自己的創業之路。回中國後，李開復創辦了「開復學生網」，舉辦了自己的創新工場。

在很多人看來，李開復的這次選擇是不夠明智的。Google是一家非常優秀，也非常有前途的公司，更重要的是李開復在Google做得很好，在那裡，他能夠得到重視，他的意見有人聽，這對於一個專業經理人來說，是可遇而不可求的待遇。而到中國創業，無疑是艱苦的，更重要的是，風險太大。如果成功了，未必能夠有在Google時候的輝煌，萬一失敗了，那將一無所有。

可是經過深思熟慮，李開復還是做出了這樣的選擇。關於為什麼要這麼做，李開復曾經解釋過，他說在他的心中一直有一個夢，那個夢是他的父親為他編織的，他感覺如果自己現在不去實現，以後可能就沒有機會也沒有熱情了。正是這內心的召喚，讓他做出了這個決定。李開復覺得，在Google工作可以得到更好的待遇，可以讓人羨慕，但未必能夠讓自己開心。尤其是自己有夢想的時候，更不能因為這些而放棄追尋自己的夢。在他看來，人生是自己走出來的，要追求的也應該是自己

想要的東西，而不是別人覺得適合你的東西。這，正是李開復選擇人生時的標準。他要做自己命運的主人。李開復是受人尊重的，人們尊重的不僅是他的成就和社會責任感，還有他能夠遵從內心做選擇、勇於做自己命運主人的那份堅定和執著。而且，從李開復目前的成就來看，他的選擇也並不比繼續留在Google差。

這件事讓我們看到，做自己命運的主人，不僅能夠得到自己想要的生活，更實現自己的人生價值，也可以讓我們得到更好的發展。李開復現在的成就正說明了這點。

身為一個尋夢的年輕人，要向李開復學習，不過學的不是他做過的事情，而是他的思維。而做自己命運的主人，正是李開復的思維基礎，是真正應該學習的地方。

走出自我設限的牢籠

只有勇於挑戰自我，才能充分地開發自身的潛力。

—— 李開復

人的一生中，總會遇到種種麻煩，經歷各式各樣的挫折。其中，有些是很容易克服的，有些則是難以戰勝的。其中最難戰勝的，往往不是外部環境對我們的考驗，而是我們自己。從某種角度講，一個人如果能夠戰勝自我，那麼，他離成功就不遠了。

第七章　創新，讓你與眾不同

對於戰勝自我，李開復有很多的經驗，他從很小的時候就懂得自己做主，與外部環境對抗。成長的過程中也一樣，他曾放棄自己年幼時的律師夢想，轉而去學習了，這是戰勝自我的一種表現，也正是由於這點，才有了他後來的成功。

人世間的事往往就是這樣，失敗者的問題各有不同，但成功者又有很多相似的地方。和李開復一樣同為青年人導師的馬雲，也有過戰勝自我的事例。

馬雲原本是一個教師，有著穩定的收入，有著平靜的生活，這樣的生活談不上什麼滿足，但至少他沒有改變的打算。不過，一次出國的經歷讓他改變了想法。經過一次出國考察後，馬雲接觸到了網路，他覺得這是人類的發展方向，但當時網路在中國並不普及，可以說，還處於起步階段。馬雲覺得，這是一個機會，他想辭職做自己喜歡的事，做更可能成功的事。

決定辭職前，馬雲找來了二十幾個朋友，跟他們說了自己的想法，讓朋友們幫忙斟酌。結果，二十幾個人中，只有一個贊成他辭職創業，其他人都反對。一時間，馬雲開始猶疑了，他不知道該如何是好。

不過最後，馬雲還是下決心創業了。他覺得，不辭職是一種求穩的做法，這符合大多數人的觀念，自己之前是這麼想的，朋友們大多也是這麼想的，所以才有那麼多人反對自己創業。但是，如果一味求穩，那麼生命的意義何在呢？如果只是按照

走出自我設限的牢籠

自己之前的想法生活，會不會有一天後悔呢？所以，馬雲的最終決定是辭職創業，他要做一個不同於以往的決定，他要試著戰勝自我，和從前那個尋求穩定的馬雲說再見，做一個有熱情、有創造力的馬雲。

朋友們聽了馬雲的決定後，都對他表示失望，說他是傻子，好好的工作不做，偏要跑去創業。但馬雲並沒有在意，他覺得，活出精采才不枉費一生。人生一世中，必須有幾次戰勝自我的經歷，否則的話，來到這個世上有什麼意義呢？

結果大家都知道，馬雲最後成功了，他建立了阿里巴巴，一個中國最大的電子商務平臺。他做到了別人想都不敢想的事情，而憑藉的，除了他特有的商業智慧之外，還有他勇於戰勝自我的勇氣，這些是他的財富。

每個人都有自己想要的東西，那是我們的夢想，卻少有人能夠實現自己的夢想，原因大多是沒有行動的膽識和魄力，說到底，就是沒有戰勝自我的勇氣。我們要意識到，人最大的敵人就是自己，很多時候，我們不成功不是沒有能力，也不是沒有機遇，而是在內心做了自我設限。我們在自己的心中畫了一個小圈子，然後苦苦守在裡面，不敢出來，這才是對我們最大的束縛。人只有勇於戰勝自我，走出自我設限的牢籠，才能夠創造奇蹟。

年輕人的不足是沒有足夠的經驗，優勢是有精力、有膽識。

第七章　創新，讓你與眾不同

一個年輕人想要成功，就要發揮自己的長處，拿出自己的膽識來，勇於挑戰自我。要明白，如果戰勝了自己，那麼，這世上將再沒有什麼能阻擋你成功。想要成為李開復、馬雲那樣的人，就先從戰勝自己開始吧。

▎挑戰困難，做一個越挫越勇的強人

不要把不確定的或困難的事情一味擱置，消極的解決和決定將使你喪失全部機會。

―― 李開復

如果要我們選擇一件自己討厭的東西，估計「困難」肯定榜上有名，但我們也都知道，雖然不喜歡困難，但困難總是不可避免的。李開復曾說，我們無法避免遇到困難，但是我們可以戰勝它，我們不能選擇是否要跟它碰面，但我們可以選擇以什麼樣的態度面對它。這是李開復對年輕人的忠告，也是李開復一直實踐的行動理念。

李開復認為，一個人想要成功，就要勇於挑戰困難，在面臨挫敗的時候，不要放棄，應該有越挫越勇的膽識，堅持住了，必然能夠成功。他覺得，年輕人要勇於面對困難，不要被它嚇倒，要跟很多成功的人學習，學習他們身上優良的特質。而山德士就是李開復讓年輕人學習的對象當中的一位。

> 挑戰困難，做一個越挫越勇的強人

　　桑德斯（Harland Sanders）是一個美國人，生於美國印第安納州的一個農莊。他6歲那年，父親去世了，留下母親帶著3個孩子艱難度日。桑德斯12歲時，輟學出去打工，來到格林伍德的一家農場，成了一名普通的工人，開始了自己的工作生涯。此後他換過許多工作，做過油漆工、消防員，賣過保險，還當過兵⋯⋯

　　桑德斯40歲時，來到了肯塔基州，開了一家加油站，馬路上來來往往的人很多，看著來自各地的人們，桑德斯想，為什麼不順便做點方便的食品，賣給這些旅行者呢？於是，他在加油的同時，又推出了外送食品，桑德斯經營的是自己獨創的炸雞。

　　不久，桑德斯的炸雞就得到了人們的認可，在當地小有名氣了。甚至連州長拉馮也對他的手藝讚賞有加。可天有不測風雲，就在桑德斯的生意越來越好的時候，戰爭爆發了，桑德斯的生意受到了影響，只得關閉加油站。然而，厄運還沒有結束。由於戰爭的需要，州裡決定新建公路，根據計畫，桑德斯的餐廳將要被拆掉，因為新路要從他的餐廳穿過。

　　通知下達後，桑德斯非常傷心，他的雄心和熱情一下子沒有了。多年來累積的人脈，自己的商業信譽，因為餐廳的拆除，一時間全都隨風而去了。最後，桑德斯不得不變賣資產以償還債務，他又變成窮人了。

第七章　創新，讓你與眾不同

此時的桑德斯已經 56 歲了，關了生意，沒了收入，只能靠每月 105 美元的救濟金生活。不過，面對困難，桑德斯沒有倒下，他決定，用自己的勇氣，再一次挑戰困難，做一個越挫越勇的強人。但現實並沒有給他太多的機會，雖然他一直很努力，不過奮鬥了幾年，一直沒有起色。

三年後，也就是桑德斯 59 歲的時候，他決定重新從事食品行業，開始自己的再一次創業。他帶著一個壓力鍋，一個作料桶，開著他的老福特上路了，開始推銷自己的炸雞配方。很快地，兩年過去了，在這兩年當中，桑德斯被人拒絕了 1,009 次。不過，他依然沒有放棄。終於，當走進第 1010 家飯店時，桑德斯得到了一個自己期盼已久的回答。從此，他的生意算是正式開張了。

1952 年，鹽湖城第一家被授權經營的肯德基餐廳開業了，這是世上餐飲加盟特許經營的開始。之後不久，美國就掀起了餐飲連鎖加盟的狂潮，而在一波波的狂潮中，桑德斯的肯德基一直是站在最前端的。桑德斯用自己的勇敢贏來了永久的成功。

桑德斯是可敬的，他可敬的地方不僅在於他開創了一番事業，更在於他身上的那種難得的特質。桑德斯的一生並不順利，甚至可以說是十分坎坷。但他並沒有被嚇倒，而是積極地挑戰困難，在困難面前，他一次次被打倒，又一次次站起來，越挫越勇，最終，他徹底戰勝了困難，取得了人生的輝煌。

> 挑戰困難，做一個越挫越勇的強人

　　年輕人要學習的就是這種精神，越挫越勇的精神是李開復對年輕人的教誨，也來自桑德斯這種成功人士的經歷。他們的教誨、經歷，是不可多得的財富，面對這樣的財富，年輕人要做的就是全部吸收，化為己用，只有這樣，我們才有可能像他們一樣，取得別人難以企及的成就。

第七章 創新，讓你與眾不同

第八章
創新，讓你與眾不同

人必須不斷學習，善於綜合他人的意見，否則將陷入一意孤行的泥淖，被市場所淘汰。

—— 李開復

第八章 創新，讓你與眾不同

把學習當作終身事業

在這個競爭激烈的社會中，如果想永不落伍，就必須懂得終身學習的道理。

—— 李開復

現今是一個發展迅速的時代，各種新事物的出現，讓人們有了一種急需獲取知識的緊張感，很多人都在恐慌，感覺自己所知太少，尤其是那些已經小有成就的人更為迫切，總有一種想要獲得知識的強烈渴望。其實，這是正常的，人類社會經過了千萬年的發展，正在步入收穫期，古人完成了科學基礎的累積，我們正在他們的累積之上進行收穫。人類智慧的果實琳瑯滿目，肯定是會讓人目不暇給的，而一般來說，相對成功的人接觸社會的範圍更廣些，他們能夠碰到的「果實」更多，眼裡更亂，危機感更強也就不難理解了。

就算同樣具有緊張感，但每個人的應對方式卻各不相同：有的人選擇了專攻一個領域，做個專業型人才；有的人則選擇廣泛涉獵，致力於做一個複合型人才；當然，也有閉目不看，完全活在自己世界裡的人，他們拒絕新事物，不想學習。

這些應對方式上的差異，也導致了人未來發展上的差異，專業型和複合型人才會將自己的事業經營得越來越大，而閉門自守的，則往往會在競爭中被淘汰，從一個較為成功的人，變

成一個普通人。他們命運的改變，完全是因為他們對待學習的態度不同。可以說，某程度而言，在現今社會中，最重要的不是你掌握了什麼，而是你能夠學會什麼。這不僅是一個人能力的外在體現，更是一個人是否有足夠人生價值的衡量尺規。

年輕人剛剛步入社會，有的甚至還沒有步入社會，沒有成功者的累積與眼界，對學習的迫切自然也會相對弱些。不過，如果因為這樣就覺得學習無用，那就大錯特錯了。年輕人要做的不是輕視學習，而是應該將其作為終身事業。只有抱著這種決心，才能夠學到更多的東西，只有學到更多的東西，你的人生價值才能得到提高，而這份價值，正是一個人取得成功的必要條件。

年輕人應該有一種意識，學習不僅是在拓展知識面，更是在延長生命。這是李開復的看法。他認為，只有秉持「活到老，學到老」的觀念，才能讓一個人在競爭中不被淘汰，並獲得更多的成功機會。

讓李開復得出這樣結論的是他在微軟的經歷。眾所周知，微軟是全球聞名的大公司，在這樣的大公司裡，人才是最不缺的資源。在那裡，幾乎每個人都是身懷絕技的高手，在各種競爭中，他們都能夠輕鬆脫穎而出，成為佼佼者。而要想在這樣的公司中成為總裁、副總裁，自然是難上加難的事情。一般說來，想要得到這樣的位置，是要有相當的累積的，不到四五十歲很難辦到。但是，凡事都有例外，微軟總部的副總裁中，有

第八章　創新，讓你與眾不同

兩位就是年僅 30 歲的年輕人。

30 歲當上副總裁和 50 歲當上副總裁差別是很大的，這中間有 20 年的時光，那是一個人生命中最好的時段之一，是年輕副總裁的優勢，更是他們的財富，是一種極強的競爭力。而這種財富、競爭力，是那兩位年輕人用學習換來的。正是出於對這種現象的感慨，李開復才有了學習可以「延長」生命的說法。因為在同樣的一生中，愛學習的人可以做更多的事情，這是不懂得學習的人永遠都無法做到的。

關於學習，李開復認為最重要的是樹立一種理念，一種將學習視為終身事業的理念，先得有了這種理念，再將其應用到現實中，人才會在不同的階段煥發出不同的光彩，讓自己的人生價值得到更完美的體現。

把學習當成終身事業，是那些成功者的經驗，也是他們成功的法寶，更是這些人提升自己人生價值的最佳途徑。我們沒有成功，沒有機會歸納屬於自己的經驗，但這種經過多人實踐過的經驗是絕對可信的。身為年輕人，要做的就是獲取別人成功後才明白的道理，而終身學習不僅是道理之一，更是幫我們獲得更多道理的最好途徑。

你的目標會給你學下去的動力

學習之重要，不在於它可以獲取文憑，而在於它是實現理想、追隨興趣的必經之路。

—— 李開復

學習是累積知識的過程，更是一個人提升自我價值、獲取進步的保證，只有堅持不懈地學習，才會讓一個人更加適應這個社會，擁有更強的競爭力。中國自古就有尊師重道的傳統，現在也一樣，人們很重視教育，家長對孩子的學習都很重視，而學生也大都把學業看得很重。走到書店，可以看到學生們、家長們擠在參考書架前，聚精會神地挑選，很多人都覺得，這是一件讓人欣慰的事情。但是，李開復有著不同的看法。

李開復認為，學習是要有目的的，要知道自己為什麼去學習。其實，表面上看，大多數的學生和家長，也知道學習的目的，那就是考大學。不過，在李開復看來，這個目的顯然不夠恰當，以考大學為目標也不夠長遠，這在他跟學生們的溝通中就能看出來。

李開復曾經收到過一封信，是一個大學生寫給他的。在信上，大學生介紹了自己的基本情況，並傾訴了面臨的苦惱。

原來，那位同學是一名大一新生，他在高中的時候是一名非常優秀的學生，他的目標是報考清華大學，可是，由於給自

第八章　創新，讓你與眾不同

己的心理壓力太大，導致考試的過程中失常，最後只能去一所並不理想的學校念大學。

可是，這個同學很堅定，他暗下決心，一定要去清華讀書，既然大學沒有考上，那就大學畢業後考清華的研究生。不過，他後來打聽到，自己所在的學校師資不強，也不會給要考研的學生什麼輔導，一切只能靠他自己了。了解到這些後，這個曾失利過一次的同學不禁又有些擔心，不知道該怎麼辦才好。

李開復看到信後，就寫了封回信給這位同學，闡述了自己的看法。在回信中，李開復首先肯定了這位同學積極進取的精神，然後提出了自己的擔心。

在李開復看來，學習要有目標，這個目標可以是文憑，但不能僅僅是文憑。像這位同學，他的目標就是一紙清華的文憑，他完全是為了「考研」而去考研。李開復覺得，這種態度是有問題的，至少不夠成熟。

李開復在信中說，考研應該是一種手段，而不應該是目的。因為研究所畢業只是人生奮鬥的開始，並不是人生奮鬥的結束。如果一個人將自己學習生涯的終極目標定在人生奮鬥的起點，那麼，他的將來肯定是堪憂的。因為這是一個瞬息萬變的社會，隨時都有新東西要你去學。

李開復覺得，要學習，但更要搞清楚為什麼學習。要先定一個目標，然後朝著目標去努力，而定目標前，先要搞清楚自

> 你的目標會給你學下去的動力

己想要的東西。像來信的同學就沒有搞清楚，他把目標僅僅定位在了文憑上，對走入社會後的學習計畫絲毫無關，這樣是不行的，進入社會後會隨波逐流。這位同學混淆了目標和手段的關係，他不明白，學習是為了獲取進步、提升自我價值，從而讓自己的人生更美好，這個美好的目的要透過讀大學這種手段來實現。而並不是讀了大學人生就變得美好了，大學畢業僅僅是一個開始而已。或者說，大學畢業後，你手裡拿的不過是一塊敲門磚，真正的廳堂你還沒有接觸到呢！

我們要明白目標和手段的區別。李開復教給年輕人的辦法是，首先確定自己想要什麼，然後回過頭來審視自己的學習歷程，看看自己之前的學習達到了哪一階段。如果只是初級儲備階段，那麼就應該繼續學習，只有這樣，才能夠讓你真正走向成功。

學習是重要的，但更重要的是要明白為什麼學習。遇到事情的時候，不是馬上就動手去做，而是在做之前先理清思路。搞清楚自己為什麼要做一件事，該如何去做這件事，更重要的是怎麼才能做好。想過這些之後，再動手，效果會更好。對於學習也一樣，先認清目的，然後去努力，努力地提升自我價值，抱著這個目的去學習，你會發現，學習會變成一件非常有趣的事情。因為你的目標會給你學下去的動力，並讓你從學習的過程中感受到提升自我的那種驕傲，從而使你更熱愛學習。

第八章　創新，讓你與眾不同

珍惜大學時光，做好人生最重要的累積

　　大學是人一生中學習能力轉變最大的時候，是把「基礎學習」和「進入社會」這兩個階段銜接起來的重要時期。

—— 李開復

　　很多年輕人都把李開復當作自己的人生導師，他們這麼做不僅是因為李開復是一個成功者，身上有很多值得別人學習的地方，還因為李開復對年輕人，尤其是對大學生，非常關照。李開復本人經常去大學演講，而且他還自己架了一個網站，專門用來與大學生們交流，幫他們指點人生。正是因為他的這種熱心，讓年輕人們覺得感動，所以，人們才把這位既有才華，又有責任感的人當作自己的人生導師。

　　李開復曾說，他架設大學生網站的最主要目的，就是幫助大學生們學習，因為他認為，大學是人生的黃金學習期，但同時也是最容易放棄學習的一個時期。如果能夠把握住這個時段，那麼自我價值會得到提高，反之，則會止步不前，白白浪費生命。所以，李開復本著為年輕人負責的態度，創辦了專門與大學生溝通的網站，為迷茫的學生們提供人生指引，幫他們提升自我價值。這是李開復被人認可的地方，更是其受人尊重的地方。

　　李開復在不只一本書中表達過自己對大學的真實看法，他

認為，大學是最美好、最重要的時光，但同時也是最容易被荒廢的時光。首先，大學不限制學習，學生們報考的時候往往都會根據自己的喜好，選擇科系，這樣，進入大學後，學習的東西基本上都是自己喜歡的，不像高中，要學習規定的課本內容。其次，大學沒有升學壓力，高中的課業壓力讓學生們整天都繃著腦子裡的那根弦，絲毫不敢放鬆。但大學不一樣，大學是一個開放的，放鬆的環境。

另外，學生進入大學之後，離開了父母，跟同學們住在一起，都是年輕人，溝通起來更容易，更具備開放的氛圍。

這些是大學的特點，而從這些特點中，可以看出大學生的一種狀態。李開復認為，一個合格的大學生，要做的就是按照自己的興趣學習更多的東西，放鬆身心，跟同學們盡情溝通，大家一起做喜歡做的事情，在這個過程中充實自己，讓自己的價值得到提高。

但是，現實往往是與希望相反的。目前的大學生，大部分是不學習，他們也放鬆身心，但是往往放鬆得特別徹底，徹底到沒有一點進取心，而跟同學在一起，更多的時候就是打電動遊戲，他們不是在享受時間，而是在浪費時間。

在李開復看來，大多數大學生的生活狀態是不對的，它會讓一個人喪失熱情，甚至喪失對成功的渴望，這是異常可怕的，它產生的後果，可以從李開復收到的一封信中看出來：

第八章　創新，讓你與眾不同

「開復老師：我就要畢業了。回頭看自己的大學生活，不禁想哭，不是因為離別，而是因為我什麼也沒學到，甚至履歷都不會寫。最大的收穫也許是⋯⋯對什麼都沒有忍耐和適應⋯⋯」

這是一封讓人心酸的信，看過之後讓人不禁會難過。透過這封信，我們也看到了一個浪費大學光陰的學子的悔恨之情。我們要做的是將它作為前車之鑑，不重蹈覆轍。

人生是單向度的，逝去的時光不可能再回來，我們要利用好大學的時光，做好人生最重要的累積，盡最大可能地提升自我價值，以此為基礎，向自己的目標奮進。這是李開復給大學生們的建議，更是無數成功者的成功經驗。按照這種方式，大學生們可以讓自己的大學生活更加豐富，讓自己學到的東西更多，走入社會之後，也更容易獲得成功。

一定要記住，大學是人生學習的黃金期，是人生累積的最重要時期，更是提升自我價值的關鍵期。想要成功，就要把握住這段時光，用來累積更多的知識，開闊自己的眼界，提升自我價值。這些不是空談，而是一個過來人的切實體會，它是李開復透過自己的經歷總結出的道理，是李開復送給大學生們的一份珍貴的禮物，而大學生們應該做的就是讓這份禮物發揮出最大的價值。

養成自學的習慣

> 每個成功的人都必然是善於學習的人,每個成功的人也都必然是堅持終身學習的人。
>
> —— 李開復

在當今社會生存,學習是一項非常重要的能力,是提升自我價值的最好方法,李開復曾不止一次提到過學習的重要性,也曾闡釋了學習的目的,並說過應該把學習當作一項終身事業。由這些可以看出,李開復對學習的認知是非常深刻的,更難得的是,他不僅教年輕人了解學習的目的和重要性,更是告訴年輕人應該怎樣去學習,如何讓學習效率達到最高。

在各種學習方式中,李開復最看重的是自學,他始終覺得自學是自己獲得成功的極重要因素之一。他的理由很簡單,想要成為真正的強者,就需要終身學習,現實中沒有能伴你一生的老師,想獲得更多的知識只能靠自己,所以,一個人自學的能力就顯得尤為重要了。李開復非常善於自學,他在大學期間累積的專業知識,大都是靠自學獲得的。在大學期間,他不放過任何一個可以提供知識的媒介,像廣播、錄影帶、電視等都是他獲取知識的途徑。而且,他還經常跟別人交流自學經驗,從別人那裡吸取好的方法。正是憑藉這些,他才在短短的幾年內,使自我價值得到了最大的提升,為之後的成功打下了堅實的基礎。

第八章　創新，讓你與眾不同

在李開復的成功路上，自學發揮了很大的作用，這告訴我們，想要成功，就要讓自己有比別人更大的價值，因此要掌握更多的知識，而更多的時候，掌握知識的最好途徑是自學。只有擁有自學的能力，養成自學的習慣，我們才能了解更多，這是我們的競爭力，更是我們的價值所在。將自己了解的知識融會貫通之後，在專業領域取得成就也就不再是空談了。那時候，成功也就來了。

身為一個年輕人，一定要意識到，學習是一輩子的事，而想要堅持一輩子學習，且有所成就，就一定要養成自學的習慣，並掌握自學的能力。只有習慣固定了，能力獲得了，你的學習效率才會更高，更高的效率不僅能夠給你帶來更多的知識，還會增加你對學習的興趣。這是通往成功的必經之路，也是唯一之路。

▍學會發現並「嫁接」別人的優點

每個人對問題的理解和認知都不盡相同，只有互幫互學，大家才能共同進步。

—— 李開復

每個人的性格都不一樣，擅長的東西也不一樣，對於一個成功者來說，要掌握的就是取人之長，補己之短，只有學會發

> 學會發現並「嫁接」別人的優點

現並「嫁接」別人的優點，自己的價值才能得到提升，你變強了，成功自然就不遠了。

李開復是一個強者，但同時也是一個智者，他一直認為，單個人的能力是有限的，要做事，就需要團隊的合作，更需要向別人學習。在李開復看來，只有懂得借鑑別人優點的人，才是能夠取得成功的人。

懂得向別人學習是一種智慧。想要擁有這種智慧不僅需要聰明的頭腦，更要有一顆寬廣的心。首先，只有足夠聰明，才能明白對方為什麼能夠將這件事做好；發現別人的優點不僅是要發現對方過人的成績，更是要發現為什麼對方會取得這樣的成績，只有這樣，自己才有可學的，也才能學會。其次就是要有一定的肚量了，人都會覺得自己很有能力，從這個角度出發，很多人就會看重自己而看輕別人，他們會把向別人學當成是一件丟臉的事情，從而放棄機會。所以，要明白，學習別人的長處是為了超過那人，至少也是為了充實自己、提升自我價值，而不是說學了別人的優點就是向人認輸了。得要有這份胸懷，才能夠善於向人學習。

成功不是一件容易的事，想要成功就要有過人之處，這些過人之處並不非得與生俱來，後天的努力和學習同樣重要。觀察身邊的每一個人，找到他們的優點，加以複製並改進，變成自己的能力，使自我價值得到最大的提升。時間久了，我們也就成了一個集各種優點於一身的人，那時候，想得到成功就簡單得多了。

第八章　創新，讓你與眾不同

向別人學習是一種智慧、一種能力，需要頭腦和胸懷。李開復靠著這點成功了，我們也一樣可以做到，關鍵是要有向他人學習的熱情，要懂得努力付出，要有追求更高的自我價值的意識。

不要死守一種思維模式

在學習知識或解決問題時，不能總是死守一種思維模式，讓自己成為課本或經驗的奴隸。

—— 李開復

改變，是人們常掛在嘴邊的一個詞，但是真正能夠做出改變的卻不多。大多數時候，人們都是用習慣性的思維在思考問題，很少有人會嘗試著換一種思考角度。這是許多人的共性，也是許多人無法取得成功的原因。

一般來講，成功者都是擁有多套思考方式的人，他們不會拘泥於一個點，更不會局限於一種思考方式，而是懂得轉換思維，碰到不同問題時知道要用不同的方式進行思考。在這方面，李開復也有很獨到的見解。他認為，一個人要想獲得成功，就不能死守著一種思維模式，而是要學會從不同角度、綜合地看待問題。因為只有這樣，才能拓寬自己的眼界，讓自己做出更有利的判斷，這是一種能力，更是一個人擁有的價值的

不要死守一種思維模式

外在體現,是成功的必要條件。

關於不能死守一種思維模式,李開復還舉過一個小例子。

奧運是一個全球盛會,每當要選擇舉辦城市的時候,各地都會紛紛加入競爭,人們表現得異常興奮。這不僅是因為舉辦奧運可以展示一個國家的國力,還因為舉辦奧運可以帶來鉅額的利潤,是一件揚國威、利國民的好事。但是,並不是從第一屆奧運開始就是這樣的,在早期,奧運並不太受歡迎,因為會賠錢。在奧運歷史上,舉辦奧運賺錢是從 1984 年的美國洛杉磯奧運開始的。

而這一改變,則得益於一個人的變通,他就是尤伯羅斯。

尤伯羅斯是一個商人,他非常聰明,最重要的是他善於思考,學習能力很強。美國申辦奧運成功之後,政府找來了尤伯羅斯,想讓他擔任策劃,尤伯羅斯起初不願意,後來因多次受邀難以推卻,就答應了。

尤伯羅斯接受任務後,首先展開了調查,他參考了以前奧運舉辦的經驗,又調查了當時的人們對奧運的態度和看法。最後,他規畫了非常漂亮的方案,找到了很多為奧運賺錢的方法。其中,最重大的一項就是拍賣奧運實況的電視轉播權。這在以前不曾有過,它是尤伯羅斯的原創,而這個想法的誕生,則來自他新學習的電視傳播知識。

除電視轉播權之外,尤伯羅斯還想出了很多其他的辦法。

第八章 創新，讓你與眾不同

比如說，以前的奧運一萬公尺賽跑，都是由知名人士參加，但是尤伯羅斯卻打破了這一慣例，他規定，此項賽事每個人都有參與資格，只要交一定的費用，再加上體格條件充足就可以了。這一規定，引起了人們的興趣，很多人都報名參加了這項比賽，自然也讓奧運主辦方獲得了很大一筆收益。而尤伯羅斯的這一創意，是從朋友那裡學來的，他朋友在賣產品的時候，曾經使用過類似的方法。

那一年，尤伯羅斯提出了很多主意，讓奧運實現了歷史性的轉變，由一個賠錢的盛會，變成了賺錢的機器。這個改變是劃時代的，來自於尤伯羅斯的創意。而尤伯羅斯的想法，有些是靈光乍現，有些來自其多年的經商經驗，還有些則來自其他行業的成功經驗。

尤伯羅斯是成功的，他的成功源於他有著更高的自我價值，這種價值不僅來自自身的智慧和努力，更是跟他懂得學習別人的長處密不可分。尤伯羅斯懂得吸取其他行業和身邊人的智慧，然後化為己用，這是一種非常高明的學習方式，他找到了最有用的點，然後加以複製和改良，最終開闢了一條從來沒有人走過的路。他跳出以前的思維，用另一種方式告訴人們，其實，奧運還可以這麼辦。

一個人想要獲得更大的成功，就要有更高的自我價值，而想要提升自我價值，學習是最佳途徑。我們不僅要學習書本中的知識，更是要學習現實中的知識，要懂得從不同的行業和不

同的人身上學習，學習他們的優點，然後經過轉化，變成自身的優點，再針對具體的事情進行努力。從尤伯羅斯的故事中，我們可以看出，在努力的過程中，眼界一定要開闊，懂得從不同的角度思考問題，走出一條與眾不同的路，而不要陷入既有的思維模式，要知道，死守一種思維模式是非常可怕的，是一個人前進的障礙。

學會學習，學會思考，懂得從不同的角度看問題，不要墨守成規，是成功的催化劑，可以讓成功來得更快些。

不如自己的人也有優點

人必須不斷學習，善於綜合他人的意見，否則將陷入一意孤行的泥淖，被市場所淘汰。

—— 李開復

人都有一種潛在的自我肯定意識，總是覺得自己的能力比較高，其實這是好事，可以給我們提供一定的自信。但是，也有人會因此而看不起別人，特別是看不起那些比較弱小的人。他們會覺得這些人能力比較差，身上沒有亮點，從而忽視其意見。這是不對的。一個人若想獲得成功，光靠自身的能力是不夠的，還要學習別人的長處，不僅要向比自己強的人學習，更要懂得向比自己弱的人學習。要意識到，不如自己的人也是有優點的，他們也

第八章　創新，讓你與眾不同

有我們比不了的地方。我們的目的是提升自我，不管是誰身上的優點，只要有利於提升自我價值，我們都要學習。

李開復就是一個懂得向弱者學習的人，他認為，在向別人學習的時候，要轉換思維。要明白，我們學的是自己沒有的優點，至於這個優點在誰的身上，是不重要的，在強者的身上我們要學習，在弱者的身上我們也要學習。只有這樣，才能夠讓自己進步得更快，讓我們擁有更大的自我價值。而不是因為一個人不如自己就看輕他。在李開復指引年輕人的時候，經常會講到類似的例子。

眾所周知，微軟絕對是世界上最強的軟體公司，在軟體領域內，無出其右。不過，他們並不自傲，而是依然秉持著謙虛好學的傳統，經常向成績不如自己的公司取經。

比爾蓋茲曾去印度的軟體公司參訪。在印度，比爾蓋茲受到了隆重的歡迎，他的印度同行們都把他視為偶像，請他植樹、剪綵、演講，不管走到哪裡，都是一片鮮花和掌聲。而且，很多印度公司還向他請教經營之道，想請他提供指點。

結束了印度之行後，比爾蓋茲回到了公司，開始跟自己的同事們分享印度之行的體悟。他說，印度的軟體業比較發達，但論業績還是不能跟微軟比。不過，我們不能因為他們現在不行就輕視它，反而要重視。而且，他們也確實有很多值得我們學習的地方。比如印度某某公司在電子公文系統方面就做得比

> 不如自己的人也有優點

我們好,這是我們應該學習的,還有某某公司的大樓比我們的更有美感……

微軟公司是世界上最大、最有名的軟體公司,他們的業績比印度軟體公司好,人才也更多。但比爾蓋茲參觀之後,沒有自大,覺得自己有多了不起,而是謙虛地認為這些目前還不如自己的公司有很多優點,值得微軟學習,並決心將之付諸實踐。這就是比爾蓋茲的過人之處,他懂得發現弱者的優點,並肯學習這些優點。試想,一個這樣的人怎麼可能不成功呢?

比爾蓋茲是很多人眼中的天才,他的所作所為也確實擔得起這個稱號。不過,對於這樣的天才,我們要做的不是仰望、崇拜,而是要向他學習,學習他身上的亮點,將其優點化為己有,努力地跟這個天才拉近距離。當你跟比爾蓋茲的距離一點點縮短的時候,你會發現,你的事業變得越來越好了。這,就是學習的重要性。

不過,僅僅將眼睛盯著比爾蓋茲這種天才型的人,只向他們學習是不夠的。我們也需要向比爾蓋茲一樣,懂得向不如自己的人學習。而想要做到這點,首先要足夠謙虛,要懂得傾聽別人,在傾聽的過程中,集中精力進行分析,看他們哪些地方說得對,哪些地方說得不準確。然後將優點記下來,進行學習,將缺點也記下來,對照自己,保證以後不犯類似的錯誤。只有這樣,我們才能夠讓自我價值得到更大的提升,才能離成功更近。

第八章　創新，讓你與眾不同

發現不如自己的人的優點，是一種智慧，發現之後並學習，則是更大的智慧。只有掌握這種智慧的人，才能勇往直前。不要因為一個人不如自己就忽視他，更不要認為向一個不如自己的人學習是一種丟臉的事情。要明白，我們的目的是提升自己，讓自己獲得更多的優點，我們的最終目標是成功，是提升自我價值。搞清楚這些道理，並沉下心來學習才是最重要的。

懂得變通，活學活用

只要具備了學習能力，即使從事的是全新的工作，也能在邊做邊學的過程中獲取足夠的知識和經驗。

—— 李開復

學習，是每個人都該堅持一生的事業，而想讓自己的學習有意義、有成果，還需要有一定的學習能力。所謂的學習能力，就是懂得如何去學習。因此，在進行學習前，先要學會如何學習，只有這樣，才會離成功更近。

珍妮特．沃斯和戈登．德萊頓在其著作《學習的革命》中曾說：「真正的革命不在於學校教授的各種具體知識，而是在於學習如何學習，學習學習方法才是最重要的。」對於這一觀點，李開復也是持讚賞態度的，他認為，一個人知道學習、喜歡學習非常重要，但掌握如何學習更重要。李開復就是一個學習能力

很強的人,他在大學期間掌握的知識和技能,基本上都是透過自學完成的,可見其學習效率之高。他不僅經常告訴年輕人學習的重要性,更是常和大家分享其學習經驗,告訴大家怎樣提高自己的學習能力。他常說,學習能力的強弱,才是衡量一個人價值大小的尺規。

李開復認為,所謂的會學習,就是能夠進行創造性學習,高效學習,想要有較高的學習能力,就不能拘泥於書本,要懂得變通、懂得創新,對原有的知識要保有一種懷疑精神,時刻去反思、去改變,如此一來,學習效果才最好。如果只是一味遵循書本行事,那麼,也就沒有學習的意義了,就像下面這個小故事中展現的一樣。

很久以前,有弟兄兩人,結伴出門去做買賣。經過一番跋涉,他們來到一個國家,這裡的人都不穿衣服,所以這個國家被稱作「裸人國」。弟弟說:「這裡的風俗很怪,想做好買賣不易啊!不過俗話說入鄉隨俗。只要我們照著他們的風俗習慣辦事,應該沒什麼問題。」哥哥卻說:「不對,不管到什麼地方,禮儀不可丟,德行不可丟。難道我們也要跟他們一樣,整天光著身子嗎?這太傷風敗俗了。」兩個人討論了一番,誰也說服不了誰,最後就各自行事了。弟弟先進入了裸人國,幾天後,他派人告訴哥哥,想要做生意,就得遵守當地的習俗。哥哥生氣地想:「整天光著身子,這難道是君子應該做的嗎?我絕不會那樣做。」根據裸人國的習俗,每月初一、十五兩天的晚上,大

第八章 創新，讓你與眾不同

家都會用麻油擦頭，用白土在身上畫上各種圖案，戴上飾品，敲著石頭，男女拉著手，唱歌跳舞，舉辦舞會。弟弟知道後，也學著他們的樣子，一起歡歌跳舞，很快就被裸人國的人接受了。最後，國王以成本十倍的價錢全數收購了他帶去的貨物。

而哥哥則是另一番情景，他來了之後，滿口仁義道德，對裸人國的民眾進行了一番苛責，說他們這也不對，那也不好。結果引起眾怒，國王下令逮捕了他，將他狠揍了一頓，然後將他的全部財物都搶走了。後來多虧了弟弟說情，國王才把他放了出去。結果弟弟滿載而歸，而哥哥落魄得像個乞丐，一路上仰賴弟弟資助，不然連家都回不去了。

故事很簡單，但蘊含的道理卻很深刻。知識是用來增長智慧、提升自我的，不是用來束縛自己的。它是要根據環境的不同，展現變化的，這樣的知識才有意義，古人常說的萬變不離其宗就是這個道理。如果把知識學死了，只看到其表面，那麼，只能像故事中的哥哥一樣，最後什麼也不剩下。

學習的時候，「變」是最重要的，將書本中的知識、別人的知識變成自己的，才是最好的學習方式。要明白，知識是拓寬思路的，不是束縛思路的。只有這樣，才能學會如何學習。會學習是成功的基礎，它可以將別人的經驗轉化為自己的經驗，從而提升自我。這不僅是李開復給年輕人的指導，更是一種顛撲不破的真理。只有掌握了這個真理，才能夠像李開復一樣，成為一個成功的人。記住，想要成功，先要學會如何學習。

第九章
格局決定你能走多遠

直接的溝通、過人的氣度以及魄力可以讓我們臨危不亂。

—— 李開復

第九章　格局決定你能走多遠

不要停留於表面的勝利

太容易滿足往往會讓我們停留在表面的勝利中，而無法走得更遠。

—— 李開復

有學者說，人類是情境化的，總是會根據自己所處的情境和當時的心情來做決定。這種行為無可厚非，我們不能說它是錯誤的，不過，以這種方式做出的決定，正確率往往不高也是事實。

在取得每一個小小勝利時，我們總會非常開心，會受到極大的鼓舞，這種鼓舞常會干擾我們的決定，從而對前景產生錯誤的判斷。而一旦出現判斷失誤，就無法在之前的良好基礎上取得更進一步的成功了。簡單地說，就是情境化的思維，總是讓我們無法觸及到真正的勝利，而只能停留在表面的勝利之中。想要擺脫這種困境其實也簡單，培養自己的氣度，進入到海納百川的境界就可以了，境界有了，自然就能夠控制住自己的情緒了。而想要做到這一點，首先要從取得勝利時的心態做起。

關於這一點，李開復有很多心得。他認為，很多時候，我們能否取得成功不僅看能力，還要看態度、看境界。一個氣度從容，有海納百川境界的人，可以做到「不以物喜，不以己悲」。他們不管做什麼事情，都不會因為情緒上的變化而喪失警覺性。

> 不要停留於表面的勝利

而這份警醒,正是成功者必須要有的特質。因為只有平靜,才能夠讓我們看到潛在的機遇和危險,在面臨即將到來的成功時,更是如此。

有一個剛剛出社會的年輕人,在一家工程公司做業務。這個年輕人很上進,他能吃苦,也愛付出,而且頭腦靈活,所以成長非常快。

這一天,年輕人發現了一位優質客戶,有很大的產品需求,正是他們公司要找的重點對象。發現後,年輕人很是激動,他暗下決心,不管付出多大的努力,也要將這個客戶拿下。

年輕人首先進行了一系列的市場調查研究,弄清楚了客戶的需求,之後透過跟對方公司的基層員工接觸,了解到決策人的基本條件、決策偏好,然後就開始了大幅度跟進。不久,他的努力就有了回報,客戶對他和他的公司都很認同。這時候,年輕人總算鬆了一口氣,因為他覺得,自己已經拿到入場券了。

接下來,年輕人開始將重點放在了自己的競爭對手上。他比對了幾家對手的相關數據,找到了彼此的賣點,然後根據自身的條件,做了一份很精緻的計畫書。他的這份計畫書,得到了客戶的認可,同時,讓他更為高興的是,他還得到了客戶的承諾。至此,年輕人認為,自己已經將勝利握在手中了。

勝利的喜悅讓他十分雀躍,他開始幻想著簽完合約後的事情了,他想到了公司給的獎金、主管給的誇獎。可是,他們的

第九章　格局決定你能走多遠

競爭對手並沒有停止行動。最終，結果下來了，年輕人贏得了訂單，完成了他的初始目標；但讓他沒想到的是，他的對手也跟這家公司簽了一份合約，金額比他的還要大。原來，就在他沉浸在成功的喜悅當中的時候，他的對手及時改變了方向，不再跟他正面競爭，而是側面開發了客戶的其他需求。年輕人聽到這個消息後很是懊悔，因為按理來說，訂單都應該是他的，可是由於他的自滿，他只獲得了微小的成功，更大的果實被別人摘走了。

這是開復學生網上一位網友的敘述。從這個案例可以看出，一個人在面對勝利時的心態有多重要，這個年輕人正是境界不夠，覺得鎖定勝利後就不需要再做其他事情了，最終導致贏了客戶，但輸給了競爭對手。在整個過程中，他都是表現最好的一個，可他卻沒能拿到最大的勝利果實。

透過這個案例，我們可以得出，在面臨即將到來的勝利時，境界是非常重要的，因為只有高的境界才能讓我們保持清醒，這決定著我們是取得徹底的勝利，還是像那個年輕人一樣，取得表面的勝利。

如果你想成功，就不要止步不前，要懂得進取，依靠自己的努力，讓自己不論在胸懷、氣度還是心理素質上都得到提高。只有這樣，你才能夠看到別人看不到的機會，取得別人想不到的勝利。如果做不到，那麼，往往就只能看著別人成功，而自己只是獲得些表面上的勝利了。

學會尊重和欣賞他人

真正有智慧的人識大局、知環境、認航向，尊重別人、欣賞他人，善於共事。

—— 李開復

伏爾泰曾說：「我不同意你的觀點，但我誓死捍衛你說話的權利。」表達了他對一個人的話語權的尊重。不過，我們換個角度，在這句話中我們可以看到伏爾泰的寬容和大度。有這份寬容和大度，我們可以判斷，伏爾泰是一個非常有氣度，懂得尊重和欣賞他人的人。一個人，能做到這點是不容易的，不僅需要胸襟、氣度，還需要一定的隱忍和境界。在這一點上，伏爾泰顯然做到了。

生活中，我們可能不常見到這樣的人，不過，如果見到了，那麼一定要跟他們學習，從他們身上獲得自己想要的東西。李開復是一個幸運的人，他沒趕上伏爾泰的時代，卻有著一個和伏爾泰一樣懂得尊重和欣賞別人的老師。這個老師，讓李開復受益頗多。

求學期間，李開復的導師是羅傑・瑞迪，而研究方向，是電腦語音辨識系統。李開復投入瑞迪門下時，瑞迪正在進行一個宏大的科學研究專案，他跟李開復說，他準備組織一個團隊，用專家系統來解決不特定語者語音辨識的難題。而李開復，也

第九章　格局決定你能走多遠

是瑞迪口中團隊的一員。

可是，接觸了一段時間後，李開復有了新的想法，他大膽地告訴瑞迪，自己覺得統計方法或許比專家系統更適合完成這個專案。在當時，李開復提出的看法並不是沒有人提過，不過絕大多數人都覺得這個方法不可行，瑞迪也是其中之一。不過，瑞迪並沒有反對李開復，而是對他說：「我不認為你的辦法可行，但我支持你嘗試。我會盡可能配合你，不過，我也要提醒你一句，曾有人做過你要做的工作，但沒有成功。」

就這樣，李開復選擇了和導師完全不同的研究方法。在研究過程中，瑞迪給了李開復很大的幫助，他幫李開復尋找資料庫，為他配備最好的電腦，也會經常鼓勵他。

當時，很多人不理解瑞迪的做法，他們認為，李開復是瑞迪的學生，可是在導師領著一個15人團隊進行研究的時候，這個學生竟然自己單獨工作，而瑞迪竟然還給予支持，這真是難以理解的事情。不過瑞迪不這麼認為，他常跟李開復說：「你如果有信心就堅持下去。」

後來，經過刻苦努力，李開復終於取得了成績，他將語音系統的辨識率從40%提高到80%，最後又提高到驚人的96%。李開復對導師非常感激，他覺得沒有導師的欣賞和鼓勵，自己不可能有成績，正是瑞迪的指導，讓他獲得了收穫。而瑞迪卻是另一種看法，他認為，科學研究領域中沒有師生之分，有的

> 學會尊重和欣賞他人

只是自由和平等,在學生的成績中,有老師的貢獻,但主要的成就還是要歸為學生的努力。在瑞迪看來,老師能給予學生最好的東西應該是尊重和欣賞。

導師的態度讓李開復獲益良多,李開復不僅在導師的支持下取得了科學研究成就,也學到了做人的道理。至今,李開復依然為導師的胸襟而感動。他認為,瑞迪的那種「我不同意你,但我支持你」的態度,是最值得稱頌的。李開復甚至說,這種態度比伏爾泰的「我不同意你的觀點,但我誓死捍衛你說話的權利」還要偉大。而羅傑‧瑞迪能夠得到李開復如此高的評價,從根本上說,靠的正是他對李開復的尊重和欣賞。他懂得用平等來對待李開復,才「征服」了這個優秀的學生。

從李開復的這段經歷中,我們可以看到對別人的尊重和欣賞有多麼重要。不僅能夠幫助到別人,也能讓自己的人格得到昇華。就像羅傑‧瑞迪一樣,很多年以後,他的科學研究成果可能會被超越,但其做人的境界卻是很難超越的,這才是他永恆的價值。

我們要做的就是靠自己的努力,獲得這種永恆的價值,如果你有了這種價值,那麼,不僅做人的境界高了一個層次,你的事業也會隨之更上一層樓。這是成功者必備的素養。

第九章　格局決定你能走多遠

▍需要他就要先信任他

一個成功的公司總會希望僱用最好的人,並且完全信任他們,讓他們掌握公司未來的方向。

—— 李開復

古人常說:「用人不疑,疑人不用。」意思就是你如果想要任用一個人就要對他充分信任,如果不夠信任對方,那麼就不要任用他。關於這句話的含義,李開復曾做過深度解讀。李開復覺得,現在是一個講究團隊合作的年代,不管什麼事情,單槍匹馬都是很難執行的,要靠整個團隊的努力才行。在這種情況下,團隊的穩定性、契合度,就非常重要了。而想要讓自己的團隊擁有這個優勢,內部人員彼此信任是基礎。

李開復認為,只有彼此信任,團隊的效率才能發揮到最大。現代是一個疏離的社會,團隊內部人員來自五湖四海,如果因為彼此的經歷、文化背景不同,而不認同、不信任對方,那麼,我們的精力就會用在內耗上,這是最愚笨的行為。這種行為必將讓一個團隊喪失戰鬥力,最終走向消亡。只有彼此信任,團隊成員有著將自己的利益交給對方掌控的胸襟,團隊才能發揮最大的能量。所以,如果你需要一個人,就要充分相信他。只有這樣,你們之間的合作才能達到完美,取得的成果肯定也是最好的。在這方面,比爾蓋茲的用人之道,很值得我們學習。

> 需要他就要先信任他

　　1982年，比爾蓋茲決定進軍應用程式領域。可當時的微軟在市場行銷和服務方面，還是個門外漢。雖然那時微軟也有客服單位，不過單位人員除了回答「我們一定替您轉告」，就是對客戶說「對不起，請您把它寫在這裡，我們會向老闆彙報」，僅此而已。

　　在這種情況下，微軟的決定無疑是具有挑戰性的。比爾蓋茲認為，首先要解決的問題就是，找個專家來幫助自己。總裁謝利和比爾蓋茲費盡心機，四處搜尋，最終鎖定了一個叫傑瑞·拉滕伯的人。拉滕伯在很多大公司工作過，具有豐富的零售行銷技巧、上乘的管理能力和實際經驗，他的經歷正符合微軟的要求。不久，微軟就向拉滕伯伸出了橄欖枝。

　　1984年5月，拉滕伯正式加入微軟。此時，微軟的應用軟體產品正在不斷開發出來，可公司內部知道零售市場到底是怎麼回事的人卻寥寥無幾。

　　拉滕伯到微軟幾天後，就憑藉著敏銳的觀察力，發現了問題，他認為：「對一個大公司而言，沒有一支強而有力的服務團隊，那簡直是難以想像的。」比爾蓋茲聽了拉滕伯的話後，沒有用刁難的方式應對，而是對拉滕伯表示了相當的信任，讓他全權處理此事。

　　接下來的日子，拉滕伯開始大展身手。起初，也曾有人懷疑拉滕伯的做法能否產生實效，但比爾蓋茲對這樣的意見總是不置可否，也從不干預拉滕伯。這份信任和依賴，給了拉滕伯

第九章　格局決定你能走多遠

很大的空間，讓他很快就建立了一支專業的零售和服務隊伍。很快地，微軟的劣勢就不存在了，而這都歸功於拉滕伯的努力。當然，如果沒有比爾蓋茲的信任，拉滕伯也不可能完成得如此迅速。

比爾蓋茲是一個聰明人，他了解市場、了解客戶，更了解自己和自己的團隊。正是基於這份了解，他對屬下有絕對的信任，而他的信任也確實為他和他的公司帶來了改變。

李開復曾是比爾蓋茲的手下，他從比爾蓋茲的身上學到了很多東西，用人不疑也是其中一個。更難得的是，李開復不僅做到了不懷疑自己的夥伴，還經常將這個理念講給年輕人聽，告訴他們這麼做的好處。

信任自己需要的人是比爾蓋茲和李開復的智慧，這項智慧幫他們達成了很多事情。我們想要成就自己，需要的就是跟比爾蓋茲和李開復這樣的人學習，學習他們身上的好習慣，更要學習他們的思考方式。如果你真正學習到了他們的優點，那麼，總有一天，你也會像他們一樣，成為一個被別人認可的人。

為他人喝采，也是為自己添彩

> 承認別人，也是在承認自己。
>
> —— 李開復

為他人喝采，也是為自己添彩

現今是一個群體合作的社會，在這樣的環境下，很多時候為他人做事就是在為自己做事。所以，一個人如果想要獲得成就，就要有足夠的胸襟，要懂得幫助別人，知道為別人喝采。因為很多時候，表面上看是我們在為別人喝采，其實也是在為自己添彩。

關於這一點，李開復有很深的感觸。李開復的經歷十分豐富，蘋果、微軟、Google 等著名公司他都工作過，而且都取得了不俗的成績。這份豐富的經歷，不僅讓李開復接觸到了很多人和事，也讓他明白了很多道理。「為他人喝采，也是為自己添彩」就是其中之一，這是李開復根據自己的親身經驗總結出來的。關於這點，其中還有個很有趣的小故事。

在李開復剛剛加入微軟的時候，同部門的一位資深經理看到李開復的工作既受比爾蓋茲的重視，又受員工和媒體的矚目，覺得很不舒服，由此產生了嫉妒心。那位經理怕李開復搶了自己的風頭、奪走原本屬於自己的機會，便想方設法打壓李開復。

資深經理的做法很直接，他不讓李開復參與他的專案，甚至連李開復主動請他幫忙時，他也含含糊糊地搪塞。在對待李開復的態度上，這位經理的表現很讓人氣憤。

不過，李開復並沒有記恨這個人，因為李開復覺得這個經理是一個人才，而且也算得上是個好人，他之所以排擠李開復，

第九章　格局決定你能走多遠

不過是因為爭利而一時糊塗罷了。所以，無論對方怎麼對待自己，李開復都會原諒他。李開復會邀請對方參與自己的專案，並在專案完成後在比爾蓋茲面前感謝他對自己的幫助。

很快地，幾年的時間就過去了，那位資深經理遇到了麻煩──他的老闆開始懷疑他的能力了。當資深經理的老闆徵求李開復的意見時，李開復表現出了自己的人格魅力，他沒有趁機報復對方，而是就事論事，坦誠地說：「他是一個可用之才，只不過在與人合作時會有些固執，應該再給他一次機會。」

結果，那位經理被留任，而且，他在李開復和其他經理的幫助下改掉了許多毛病，還獲得了升遷的機會。後來，那位經理對李開復真誠地說：「對於你的幫助，我很感激，但讓我更加感激的是，你教會了我怎樣做人。謝謝你！」

這是一個讓人欣喜的小故事，那位經理得到了升遷，而李開復得到了自己應有的尊重。從這個小故事中，我們可以看出，人格的力量是偉大的。它可以祛除人內心的陰霾，讓一個原本憎恨你的人對你產生崇敬之情。而李開復，正是擁有著這種力量的人。

李開復的經歷告訴我們，很多時候，幫助別人也是在幫助自己。我們在為別人喝采的同時，也是在為自己添彩。就像他所做的一樣，他對那位排擠自己的經理做出了正面的評價，讓那位經理得以保留自己的工作機會。同時，李開復自己也有收

穫,透過這件事,他的人格更加崇高了。更重要的是,他得到了對方的認可和尊重,那一句「你教會了我怎樣做人」看似簡單,但分量是很重的。如果不是發自內心的敬佩,一個人很難說出這樣的話來。而且,也正是這句話,讓李開復的形象更上一層。我們可以看到,這是一個雙贏的結果。

懂得承認別人的存在,認可別人的能力,不僅是一種智慧,也是一種胸襟。有了這種胸襟,一個人的境界可以得到提升,內心的格局會更加宏大。格局大了,事業自然也就大了。所以,我們可以看到,認可別人,並為別人喝采,也是一件對我們自己有利的事情,也是可以為自己添彩的。它不僅能夠讓我們獲得更多的尊重,也能讓我們變得更加有魅力。而這份魅力,正是成就自我過程中不可或缺的。

不要吝嗇自己的讚美,要知道,你將它送出去的時候,不僅對方會收到,你自己也會收到。

胸襟決定高度

胸襟可以讓人成為一個更加完整的、更加健全的人。

—— 李開復

一個人成就的大小,決定於其內心格局的大小,而一個人內心格局的大小則決定於其胸襟的大小。有胸襟才能有格局,

第九章　格局決定你能走多遠

格局有了，事業自然也就不用擔心了。這幾個條件是互為因果的，而胸襟則排在最前面，是基礎。從某種意義上來說，光有胸襟不一定能成功，但沒有胸襟則一定不會成功。

關於胸襟的重要性，很多人都在強調，李開復也是其中之一。在李開復看來，一個胸襟寬廣的人可以獲得更多的機會，因為他們沒有對小事的計較，總是能夠從大局出發，看到對自己有利的一面。更重要的是，一個胸襟寬廣的人能夠得到更多人的幫助，他們通常都有更廣的人脈資源，這些資源也成了他成功路上的催化劑。總之，胸襟是夢想的載體，只有這個載體足夠寬廣，你的夢想才有更多實現的機會。而且，李開復不僅一直在強調胸襟的重要性，還舉了很多有關的事例，讓大家更容易理解其中的含義。

李開復曾是微軟公司的一員，他在微軟不僅實現了自己的抱負，也學到了很多東西。其中，微軟的創始人比爾蓋茲的廣博胸襟，就讓李開復留下了很深的印象。據李開復說，有一次，微軟的一名新員工不小心撞了比爾蓋茲停在路邊的新車。當這位新員工得知自己撞到的是比爾蓋茲的汽車時，不禁害怕起來，驚慌得不知如何是好。可事情總是要面對的，最後，她想到了向自己的上司求助。

這位員工沒想到的是，她的上司聽了她講述的事情經過之後，竟心平氣和地對她說：「不要怕，沒事的，你發一封電子郵件，向蓋茲先生道個歉就行了。」新員工聽了上司的話之後，心

裡還是不安,可是,她又想不出別的辦法,最後,只得按照上司所說的,發了一封電子郵件給比爾蓋茲。

就在這位員工懷著忐忑不安的心情發出道歉信後不到一小時,她就收到了比爾蓋茲的回信。在信中,比爾蓋茲的態度很平和,或者可以說很和藹。他在信中告訴這位員工,不要為汽車擔心,只要沒傷到人就好,而且,在信的末尾,比爾蓋茲還對她加入公司表示歡迎。

看了信之後,這位員工才徹底放下心來,比爾蓋茲的寬容與坦誠打動了她,而且,她也馬上就明白了為什麼微軟公司可以擁有自由、開放的企業文化,為什麼微軟可以吸引到那麼多個性不同、風格不同,但都很優秀的人才。而且,這位員工打從心裡覺得,自己只有加倍努力,才能夠對得起這個寬容、博愛的公司。

在這件小事上,比爾蓋茲用他的胸襟贏得了員工的信任與尊重,同時,也讓他的公司又多了一位敬業的員工。這正是比爾蓋茲能夠取得那麼大成就的根本原因。

在講述完這個故事之後,李開復也做了自己的點評,他說:「這個小故事的意義不在於反映了微軟公司努力為員工營造良好氛圍,而是海納百川、有容乃大的胸襟對於現代企業及其領導者的重要性。從這個故事可以看出,比爾蓋茲可以用博大的胸襟對待公司的新同事,當然也會用同樣的胸襟對待新的技術、

第九章　格局決定你能走多遠

新的產品、新的合作夥伴乃至新的競爭對手。正是因為有這氣魄,比爾蓋茲才會在成功的路上無所畏懼⋯⋯」

比爾蓋茲的故事很有啟發性,而李開復的解讀同樣具有啟發性。從比爾蓋茲對事件的處理和李開復的解讀,我們可以看出,成功者是有共同特質的,有胸襟就是其中之一。正是這些特質,讓這些成功者能夠從不同的角度找到同樣適用的方法,從而解決遇到的難題,最後走向成功。我們要做的就是學習他們身上的這些共同特質,將它變為自己的競爭力,用來應對日益變化的環境。如果你學到手了,那麼,你肯定也會成就一番事業的。要是有這個打算,就從胸襟學起吧!

▍接受無法改變的事

有勇氣改變可以改變的事情,有胸懷接受不可改變的事情,有智慧來分辨兩者的不同。

——李開復

在《尼布爾的祈禱文》中,有這樣一句話:「上帝,請賜我平靜,去接受我無法改變的。給我勇氣,去改變我能改變的。賜我智慧,以分辨這兩者的不同。」後來經過流傳,人們去掉了其中的幾句話,變成了「改變能改變的,接受不能改變的。」這句話成形之後,立即得到了很多人的認可,人們爭相傳誦,甚

> 接受無法改變的事

至有些人還將其貼上了床頭,當作自己的人生座右銘。

這句話之所以能夠得到人們的認可,是因為它傳達了很多道理。身為社會中的一員,我們都想變得偉大,但又不得不承認自己的渺小。只有將偉大和渺小二者進行嚴格區分,我們才能夠活得更清楚、更明白,才能更妥善規劃人生、實現夢想。而上面那句話,正好對人的偉大和渺小進行了闡釋。所謂改變能改變的正是偉大的人的共同特質,他們用自己的堅持和勇敢,改變了自己能夠改變的事情,也改變了世界,所以才得到人們的敬仰;同樣,接受不能改變的正是教我們認清自己,看到人有渺小的一面,而不要好高騖遠,做些不切實際的事情。

以上是對這兩句話的解讀,但是,我們明白了道理之後,該怎麼做呢?關於這一點,李開復的觀點很值得一提。在跟年輕人溝通的過程中,李開復經常會用到兩個詞,一個是「勇氣」,一個是「平靜」。李開復提到的這兩個詞正好跟《尼布爾的祈禱文》吻合,他們都認為,成就偉大需要勇氣,認清渺小需要平靜,擁有勇氣,才能做出改變,擁有平靜的心態,才能接受不可改變的事實。這是人生的智慧,更是成功者的經驗。而李開復覺得,在勇氣和平靜之間,平靜更重要些,也更難實現。他認為,勇氣誰都有,每個人都會有想施展抱負的時刻,但想要做到平靜,就沒那麼容易了,要的不僅是清醒的頭腦,還要有廣闊的胸襟。只有這樣,面對不可改變的事實時,才能做出最好的選擇。

第九章　格局決定你能走多遠

　　「葉子飄揚」是開復學生網上的一位網友。她來自農村，家裡有五個兄弟姐妹，儘管他們家不富裕，但一家人的關係非常融洽。「葉子飄揚」的父母希望孩子們都能夠接受好的教育，將來成為人才。可是，由於條件限制，他們無法保證讓五個孩子都上學，這個家中必須有人要做出犧牲。最後，家人決定，讓「葉子飄揚」輟學。聽到這個決定後，「葉子飄揚」非常震驚，她不理解，開始抱怨世界的不公，可是，她無力改變，事實上，她的父母也是無力改變的。

　　母親不忍心看女兒就這麼消沉下去，建議她出外打工。於是，她離開了家，來到了大城市。在繁華的都市中，她遇見了很多人，這些人都在忙忙碌碌地工作著，在為自己的夢想努力。看到這些，她不禁問自己：「我的夢想是什麼？我該為這個夢想做點什麼？」

　　一個偶然的機會，「葉子飄揚」接觸到了自學考試，於是定下目標：透過自學考試上大學。她用自己打工賺來的錢報了補習班，雖然在學習的道路上並不是一帆風順的，但她已經不再消沉了，她對未來充滿了信心。

　　這個故事被李開復收錄在自己的書中，旨在說明，面對不能改變的事情時，我們要做的不是抱怨和消沉，而是接受，並時刻準備突圍。就像「葉子飄揚」一樣，她不能改變輟學的事實，但她能改變自己的態度，可以接受這個事實之後走另一條路，一樣能夠實現自己的價值。

我們要明白這個道理，學習那位網友的做法，接受自己不能改變的事，然後從現實出發，尋找最佳的出路。如果你有足夠的毅力，一樣可以得到自己想要的東西。要明白，得到不難，放棄才難。放棄自己不能得到的東西，勇敢地面對現實，需要的不僅是勇氣，還有智慧。如果有了這份勇氣和智慧，那麼你就沒有做不到的事情。所以，從現在開始，停止抱怨吧，接受不能改變的事，勇敢地面對自己的人生。

氣度是一種修養，也是一種智慧

直接的溝通、過人的氣度以及魄力可以讓我們臨危不亂。

—— 李開復

一般來說，提到氣度，人們首先想到的是修養。在我們眼裡，一個人有氣度，就表示他的修養很好。這個觀點是正確的，但這並不是全部，很多時候，氣度不僅是一種修養，還是一種智慧。

關於氣度和智慧的關係，李開復曾做過闡釋。他認為，一個渴望成功的人是必須要有氣度的。因為氣度不僅是成功者需要具備的美德，也是他們的競爭優勢，從某種意義上說，氣度是一個人的能力，也是一個人的智慧。李開復這麼說是有他的道理的。在李開復看來，一個有氣度的人肯定是更受歡迎的人，

第九章　格局決定你能走多遠

他會有很多的朋友,而且這些朋友也會願意為他提供幫助。久而久之,這個人就會累積很多的人脈資源,這是一個成功者必備的資源之一。那些失敗者看不到這點,所以不在意培養自己的氣度。從實現夢想的角度而言,能夠意識到氣度的這種作用的,就可以說是一個有智慧的人。

更重要的是,氣度不僅可以幫一個人累積人脈資源,有時候還能征服自己的對手。關於這方面,李開復曾講過一個發生在林肯身上的小故事,很能作為例證。

西元 1860 年,林肯當選為美國總統。跟他同時參加選舉的還有薩蒙・蔡思,蔡思被大家認為是一個狂妄十足、極其自大而且嫉妒心極重的人。他對權力有一種近乎狂熱的渴望,狂熱地追求最高權力,沒能得到總統的職位後,只好退而求其次,想當國務卿。

對於蔡思要當國務卿的事情,有很多人反對,認為這個瘋狂的權力追求者不適合進內閣。但林肯不這麼認為,他覺得這個人很有能力,尤其是在財政預算與經濟政策方面,很有一套。最後,林肯任命他做了財政部長,並一直十分器重他,盡量減少與他的衝突。

面對林肯的大度,蔡思卻是另一番表現,他並不領林肯的情,而是依然為謀求總統的位置而四處活動。不過,林肯並不在意這件事。很多人對林肯的做法表示不解,其中一個記者還

氣度是一種修養，也是一種智慧

當面問了這件事，林肯沒有直接回答，而是講了一個小故事。

林肯說，有次他和他兄弟在老家的農場裡耕作。用來拉犁的那匹馬很懶，總是慢騰騰地挪動，一點效率也沒有。可是突然之間，馬卻在田裡飛跑起來，兩兄弟差點都跟不上牠。兩兄弟以為馬轉性變得勤勞了，結果，靠近一看才發現，原來是有一隻很大的馬蠅在馬的身上叮咬。

林肯看到後，不忍心讓馬繼續被咬，就想把馬蠅打落在地。可他的兄弟不同意：「別打呀，那是馬前進的動力，沒有牠，馬就不會跑那麼快了。」

講完這個故事後，林肯意味深長地說：「現在，正好有一隻名叫『總統欲』的馬蠅，落在了蔡思先生的身上，『叮』著他，促使他前進，我暫時還不想打落牠。」

記者聽了林肯的話不僅為他的氣度所折服，更為他的智慧而傾倒。林肯是偉大的，從這個小故事中可以看出，他確實有過人之處。首先，他有能容人的氣度，所以更多的人才能為他所用。其次，他很聰明，有智慧，能夠讓自己的手下發揮更大的效率。這是林肯能夠成功的原因，也是很多成功人士的共同特徵。

李開復講述這個故事，就是為了讓大家從林肯的身上看到，氣度很多時候也是智慧的表現。擁有氣度能讓我們的人格昇華，有效提高我們的格局。

207

第九章　格局決定你能走多遠

要明白，氣度不僅能夠讓我們獲得別人的尊重，更是能為我們的成功提供幫助。它是智慧的一種表現，可以有效縮短人的奮鬥歷程。我們要做的，就是鍛鍊自己，培養出一種能夠容人的氣度來。屆時，你將會體驗到氣度給我們帶來的益處。

▋心有多大，舞臺就有多大

一個人的胸襟有多大，他能夠取得的成就往往也就有多大。

—— 李開復

想要成就一番事業的人很多，已經擁有一番事業的人也很多。如果對他們進行細緻的觀察，就會發現，這些人中有些事業大，有些事業小，而兩個群體有很多共通性。事業小的人，通常都愛抱怨，他們總是覺得自己的機遇不如別人，所以才在事業上沒有人家那麼大的成就。但事業比較大的人，卻少有此等抱怨。這一現象，表面上看是他們處境決定的，但實際不然，更多的時候是他們的境界決定的。一般來說，事業小的人視野也小，而事業大的人視野也會相對大些。正是這種境界上的差別，造成了事業上的分野。

李開復是一個事業很大的人，同時也是一個視野很大的人，他雖然並不是最有錢的，但絕對是最有影響力的。因為他不僅致力於自己成功，也一直在幫助別人成功。這是一種責任，更

> 心有多大,舞臺就有多大

是一種境界,也正由於有這個境界,李開復才有今天的成就。在李開復看來,一個人的心有多大,他的舞臺就有多大;一個人的境界有多高,他的成就就有多高。他是這麼想的,也是這麼做的,事實證明,他的想法和做法都是正確的。這,正是李開復成功的原因所在。

李開復經常對年輕人演講,在演講中,他會講述很多人的成功故事。透過這些故事的梳理,你也會發現,事業大的人往往境界也高。

第九章　格局決定你能走多遠

第十章
溝通與合作，成就更大的自己

想成功地與人相處，想改變別人或讓別人遷就自己，唯一的方法就是首先改變自己。

—— 李開復

第十章　溝通與合作，成就更大的自己

▍別人眼中的你，才是真正的你

要學會從別人的角度來看問題，並據此改進自己在他人眼中的形象。

—— 李開復

每個人的心中都會有一份苦惱，覺得別人不了解自己。其實，這是有偏頗的。李開復曾說：「從表面看，沒有人會比自己更了解自己了。但現實情況遠非這麼簡單。」他的理由是，現代是一個講究分工合作的時代，在這樣的時代中，需要與人合作才能完成事情。如此一來，每個人都生存在別人的眼睛裡，會在別人的眼睛中留下或清晰或模糊的影像，這些影像可能跟我們自己對自己的定位不一樣。或許有人根本就不承認這些影像，但是沒有人能夠否認，這些影像的總和代表了社會對我們個人行為和能力的判斷，會影響到我們的工作和生活。

正是基於以上的分析，李開復才認為，很多時候「『我』並不僅僅是我自己心中的那個『我』，相反的，別人眼中的『我』，才是真正存在於芸芸眾生之中的、具有現實意義的『我』。」簡而言之，別人眼中的你，才是真正的你。這是李開復的看法，也是他要教給年輕人的道理。

成功的人往往都有這樣的特點：自我認知和別人的印象相對較為統一，不會或很少出現自我肯定卻不被他人認可的情

況。這是這些人的共同特質,也是他們能夠成功的關鍵所在。在李開復看來,成功的人善於理解別人對自己的看法,不否定別人眼中的自己,反而覺得別人眼中的自己更為客觀。這個特點,讓他們總是善於虛心地理解和接受別人的想法,並能根據他人的回饋改進和提升自己。這,是一個人進步的關鍵,擁有了這個特點,成功也就不遠了。

李開復曾講過這樣一個故事。他和他帶領的五位經理開過一次會議,目的是幫團隊建立起更強的信任關係。開會的具體內容是,這五位經理每個人都把自己心中對另幾個人的看法坦誠地說出來。結果,其中一位經理驚訝地發現,另外四位經理都說,他們不太信任他。

幾天後,李開復找到了那位不被信任的經理,問他想如何彌補這個問題,增強自己的可信賴度。沒想到,那位經理說:「他們幾個都說不信任我,卻又說不出理由,所以我認為,他們應該是嫉妒我比他們有經驗,我認為,問題出在他們的身上。」

聽了這位經理的回答,李開復很驚訝,他反問:「你怎麼知道別人是因為嫉妒才這麼說的呢?說實話,我也不太信任你,一是覺得你聽不進意見,總認為自己是對的;二是,我在你身上看不到感情。我想,你應該問問他們幾個,是否也跟我有一樣的看法,然後再做結論。」

李開復的話撼動了那位經理。他回去後,透過郵件詢問了

第十章　溝通與合作，成就更大的自己

另外幾位經理的意見，結果他們所說的，跟李開復的意見差不多。這個結果引起了這位經理的反思。他開始明白了，很多時候，別人眼中的自己才是真正的自己，自己心中的那個「我」，有時候並不真實。

明白這個道理之後，那位經理開始改變，後來成了一名出色的領導者，他的手下和其他部門的同事都認為，他是一個有魅力、可信任的人。

這個故事是很好的例子，透過它可以刺激我們思考。確實，很多時候，我們的自我認知和別人對我們的看法是會產生偏差的，而這種偏差，往往會為我們的工作帶來一定的麻煩。這些麻煩，正是阻礙一個人成功的因素。所以，我們要意識到，人要有自知之明，要了解自己，更要了解別人眼中的自己。只有將這兩個形象完全統一了，我們才能夠得到最大的認可，而這份認可，是現今社會中不可缺少的。它才是真正能夠幫助我們成功的因素，我們的任務就是擁有它。

適當的社交有益成長

現代社會是分工合作的社會，能否掌握溝通與交流的技巧以提高溝通效率，直接影響著個人乃至團隊的成敗。

—— 李開復

> 適當的社交有益成長

　　成就事業,需要很多的條件,能夠博採眾長、從別人身上學到優點,絕對是非常重要的一個。想成為一個有理想、有抱負的人,就要懂得從身邊的人身上學習,學習他們的優點,同時也學習他們的思考方式,盡可能拓寬自己的思路。這樣一來,我們才能夠更全面地看待問題,同時,也才能得到最多的收穫。而想要做到這點,首先就要從跟別人認識、溝通開始。所以,對於一個渴望成就自我的人來說,適當的社交是非常必要的,對我們的成長只有益處,沒有害處。

　　李開復是一個熱衷於社交的人,也是一個懂得社交的人,他也確實從跟別人的往來中得到了很多的益處。李開復覺得,適當的社交可以讓我們接觸到更多的人,結交到更多的朋友。從這些朋友身上,我們可以發現自己的缺點,看到別人的優點,然後透過努力,將自己的缺點改掉,將別人的優點變成自己的優點,這時,我們就會發現,不知不覺間,自己已經成長了許多。

　　2000年的時候,李開復被調回微軟總部,任微軟公司的全球副總裁,管理一個有著600多名員工的部門。身為一個之前從未在總部擔任過管理職的人,李開復覺得壓力很大。經過思考,他認為,想要做好工作,要先從傾聽和理解員工的心聲開始。為了達到這個目的,李開復發明了一種方式——「午餐會」溝通法。

　　每週,李開復都會選出十名員工,與他們共進午餐。用餐

第十章 溝通與合作，成就更大的自己

過程中，李開復會詳細了解每一個人的姓名、履歷、工作情況等，還會在溝通中了解他們對部門工作的建議。而且，為了讓每個人都能暢所欲言，李開復還盡量避免安排與同一間辦公室裡的兩個員工同時用餐。

用餐時，李開復也有固定的溝通模式，他會先跟對方談最令他們興奮和苦惱的事。然後，引導大家探討一下最近讓所有部門員工普遍感到苦惱的事情是什麼，並和這些人一起尋找最好的解決方案。

每次午餐會後，李開復都會做一個總結，然後寫成電子郵件發給大家，彙報一下他聽到了什麼、哪些是現在就可以解決的問題、何時能看到成效等等。透過這種方法，李開復很快就認識並了解了部門中的每一位員工，並根據他們的特點和需求，安排工作，不久，公司便上下一心了，在工作上也取得了很大的進步。

每當談到這件事的時候，李開復都很感慨。他覺得，那是自己曾做過的一個非常正確的決定。因為在午餐會中，他不僅認識了自己的員工，了解到工作中出現的問題，更是學到了很多的東西。李開復說在跟不同人的接觸過程當中，可以發現，每個人都有自己獨特的愛好和特點，這些愛好和特點可能是他們進步的障礙，也可能是他們的個人優勢所在。透過接觸和判斷，和他們比對，也可以讓你了解到自身的優缺點，這，是一個人進步的基礎。而李開復顯然透過跟員工們的社交獲得了這

個基礎，這對他以後的事業發展，有很大的作用。

　　由此可見，適當的社交對個人成長的重要性。已經成為微軟全球副總裁的李開復，依然能夠從中獲得很多的益處，更何況是還沒有事業基礎的年輕人呢？對我們來說，社交的益處肯定會更大。它可以幫我們拓寬人脈，學到別人身上的優點，發現自己的不足，幫我們更好、更快地成長。

　　李開復是年輕人的導師，他一直用自己的經歷和經驗為年輕人提供指導，這是他值得尊重的地方，也是我們應該學習的地方。我們要做的就是將李開復的這些經驗轉化為自己的行動，讓它們變成自己的經驗，幫助我們取得成功。

成功，需要建立高品質的人脈網

　　擴大人際關係網的目的是使工作更加順利、更加成功。

―― 李開復

　　人是社會性動物，這是我們的組織方式，是造物主賦予人類的法寶。正是因為我們的這種社會屬性，人類才能夠在不斷地進化中脫穎而出，獲得比其他動物更多的智慧。這是人類的驕傲，更是人類的立身之本。因此，我們可以說，一個人能否成功，能否取得個人成績，跟他是否懂得跟別人合作是有很大關係的。

第十章　溝通與合作，成就更大的自己

對此，李開復也有自己的看法，他認為，一個人是否能夠成功有兩大方面的因素，外因和內因。所謂的內因，就是一個人的智力水準、努力程度等，而外因，主要指環境、機遇等。其中的環境，最主要的就是人際環境。在我們的社會中，一個人脈豐富的人，能夠獲得更多的機會，而且，他可利用的資源也會更多。反之，如果沒有人脈資源，僅僅憑藉單兵作戰，則基本不可能成功，即使有成功者，也肯定是依靠運氣。

在人脈的功能方面，李開復談論過很多，而且，他不僅從道理上闡釋了高品質人脈網的重要性，還曾經提到過一個小故事，用來佐證自己的觀點，下面我們就來看一看。

小陳大學畢業後，她隻身來到臺北打拚。小陳的父母從小就教導她「在家靠父母，出門靠朋友」，小陳也確實記住了教導，不管走到哪裡，總是與人為善，樂於交友。也正是在朋友的引薦下，她進了一家大型媒體公司，從輔助性工作開始，一點點地做了起來。小陳的人脈關係很廣，網路會談、採訪等都能讓她交到朋友，久而久之，她儼然已經是一個人脈方面的小富翁了。

有一次，小陳感覺身體不舒服，就把自己的感受寫在了網路上。結果下面有很多人留言，都是關心鼓勵她的。而且，她還收到了鮮花、營養品，打電話問候的更是連續不斷。這件事讓小陳感覺到了溫暖，同時，也讓她浮現了一個想法。

幾天後，小陳決定辭職經商。她沒有錢，沒有經驗，但她

成功，需要建立高品質的人脈網

卻覺得自己肯定能夠成功，因為她有一個寶庫，那就是豐富的人脈資源。果然，事情按照小陳的想像在發展著。她得到了很多幫助，辦公地點是朋友幫忙租的，辦公設備是大夥贊助的，媒體宣傳等都是朋友免費幫著聯繫的⋯⋯

帶著這些朋友的幫助和祝福，小陳走上了自主創業的道路。

不到兩年，小陳就成功了，她公司的營業額是行業內的前五名。對於一個從零起步的小女孩來說，這份成績只能用奇蹟來形容。

小陳是幸運的，更是值得尊重和羨慕的，她用自己的努力創造了一個輝煌的人生。她沒有資金，沒有創業經驗，也沒有一個好的平臺，她只有朋友，一大群願意、也有能力幫助她的朋友。正是靠著這些朋友，她有了自己的事業，她將之做大、做強，最後成長為了一個年輕的企業家。小陳的成功是令人羨慕的，同時，也是可以複製的。

俗話說，三個臭皮匠，勝過一個諸葛亮，意思就是說，人是不能只靠自己生存的，需要幫助別人，也需要別人幫助，這是我們特有的生存方式。只有適應並學會利用這種方式，才能夠讓我們有更大的競爭優勢，有更多成功的可能。這，才是優質人脈網的真正意義所在。

我們都知道，李開復的人脈網是非常大的，這不僅來自其外向開朗的性格，更和他樂於助人分不開。我們要向李開復學

第十章 溝通與合作，成就更大的自己

習的不僅是他的思想，還有他的行為，要明白，有付出才有收穫，只有拿出真心才能換來真心。而你換來的這些真心，才是你最大的資本，它們能保障你的成功。所以，從現在開始，善待老朋友，多結交新朋友吧！那是你的競爭力。

分享優勢，讓每個人變得更強

分享自己的優勢不僅是在幫助別人，也是在幫助自己。

—— 李開復

個人的成功需要集體的支持，個人的輝煌肯定有團隊的幫助，這是現代社會的共識。在這種共識之下，我們可以得出結論，如果想要有好的成績，那麼，就要懂得為自己的團隊付出，要分享自己的優勢，好讓整個團隊變強。如果你的團隊變強了，那麼，你個人的成就自然也就有了，這是現代社會奉行的生存法則。

關於分享優勢，李開復有很多親身的經歷，這麼多年以來，他做得最多的事情，就是分享自己的經驗和優勢，幫助年輕人成長。這也是那麼多人將李開復當作人生導師的最根本原因之一，他確實做到了導師該做的事情。

李開復不僅自己樂於分享優勢，也常常呼籲別人分享。因為在他看來，跟自己身邊的人、跟自己團隊的夥伴、跟自己的

分享優勢，讓每個人變得更強

同胞分享優勢，不僅是在幫助別人，更是在幫助自己。因為只有整個團隊強了，我們才能獲得更多，如果只有自己強，而團隊內的其他人都弱的話，是不可能成事的。李開復就曾經接觸到這樣一個故事，是一個年輕人講給他聽的。

一個年輕人畢業後來到了一家公司，從事銷售一職，這個年輕人雖然年輕，但實力可不弱，他大學的時候就常利用課餘時間實習，累積了很多的經驗，更重要的是，他懂得努力，知道學習，並虛心向前輩請教，所以成長很快，進公司沒多久就取得了不俗的業績。

然而，這個年輕人也有一個缺點，就是自視甚高，對於比自己經驗豐富的同事，他是能夠低下頭來請教的，但對於業績不如自己的同事，他就有些不愛搭理了。起初，這個毛病沒有什麼問題，不過當他開始帶團隊後，這個毛病就顯現出危害了。

年輕人的團隊內都是新人，沒有經驗，不懂得如何跟客戶溝通，所以整個團隊業績不是很好。他看到這種情況之後，沒有教他們怎麼做，而是為每個人施加壓力，逼他們出單。結果，不但業績沒有上來，反而有幾個離職走了。面對這種情況，他無計可施了，只能向自己的長官請教。

長官聽了年輕人的傾訴之後，告訴他，一個團隊，想要成功就必須心齊，同時力也要齊。這裡的力指的不僅是大家努力的方向，還包括能力。就像一個木桶，能裝多少水，並不取決於最長的那塊板，而是取決於最短的那塊板。如果想讓自己的

第十章　溝通與合作，成就更大的自己

團隊業績成長，就要懂得幫助後輩。不僅團隊領導者要幫助下屬，同事之間也要互相幫助，只有這樣，才能夠取得更好的效果。最後，長官語重心長地說：「想想看，現在你的成績從哪裡來呢？自己的銷售業績嗎？不是，而是你團隊的業績，是你手下每個成員的業績之和。也就是說，每個人都是在幫你拿業績的，那麼，你有什麼理由不將自己的經驗和優勢拿出來分享呢？」

年輕人回去後，做出了改變，他不再看不起後輩了，而是努力幫助他們，並鼓勵團隊內互相幫助。果然，沒多久，他們的團隊就成了公司的核心團隊了。這跟他們懂得團隊內分享是密不可分的。

現實中，我們遇到的問題往往跟故事裡講得差不多。很多人都不願意跟別人分享自己的優勢，覺得那麼做了之後，自己就沒有優勢可言了，收穫就會減少。其實不然，要明白，我們要靠合作才能夠取得更大的利益。你的團隊內，唯有每個人都是強者，你才能夠得到更多，如果只有你一個人厲害，是成不了事的。要明白，很多時候幫助別人就是在幫助自己。只有懂得分享優勢，讓每個人都變強，才能在這個競爭激烈的社會中取得更大的成績。

團隊合作要比個人表現重要得多

成功者的共同點是懂得合作。

—— 李開復

成功需要的條件很多，懂得合作絕對是其中非常重要的一個。現代社會是一個高速發展的社會，極高的科技汰換頻率，導致現代的各種事物都需要複雜的過程才能夠產出。這種過程的日趨複雜性，則導致很難由個體完成獨立的生產，尤其是在高科技領域，必須要有很多上下游的配合才行。不僅是在生產上，現代社會的各個角落，幾乎都遵循這一規律。在這樣的情況下，能否找到合作者，找到後能否充分進行分工合作，必然會成為一件事能否做好的關鍵。

李開復是一個高科技行業從業者，所以，他對這點看得更加透澈。李開復覺得，現在的社會，真正重要的不是看你掌握了多少技能，而是看你能否跟別人進行合作。只有懂得跟別人合作的人，才是真正的人才。關於這點，他還講過一個小故事。

有一次，李開復和朋友聊天，談到職場上的事情時，朋友分享了一段自己的經歷。李開復的朋友說，他第一次成為經理時，手下有一位王牌員工，能力很強，做事情比誰都快，而且也都做得很好。不過，能力強的人往往都比較不易相處，這位王牌員工也一樣，比較自大、自私，不太看得起同事，而且經

第十章　溝通與合作，成就更大的自己

常在上司面前抱怨。

由於這個王牌員工的存在，部門內的士氣很是低落，是啊，如果身邊有一個能力很強又看不起自己的人，應該是誰都高興不起來吧！更重要的是，這種氛圍導致了部門內缺乏信任，沒有默契，從而使整個部門的效率極差。

當時，李開復的朋友並沒有意識到這件事情的危害，反而認為這個能夠做出成績的王牌員工是部門的英雄，正因為有他在，部門的業績才不至於變成公司最難看的。他認為，正是這個王牌員工拯救了自己的團隊。於是，他決定要重用並提拔這個員工。可是，還沒等到他提拔王牌員工，部門內的人就已經差不多走光了，最後，他們的專案失敗了。

講到這裡時，李開復的朋友說：「透過這個教訓，我終於明白了，團隊合作要比個人表現重要得多。此後我特別留意到，那些成功者，都是懂得團隊合作的，可惜，當時我不明白這個道理。」

這時，李開復問：「這件事最後怎麼辦了？你將那個王牌員工開除了嗎？」朋友答道：「沒有，我的老闆知道這件事之後，先是開除了我，然後又將那個王牌員工開除了。」

這個故事告訴我們，合作能力才是一個人最重要的能力。如果沒有合作能力，只懂得單打獨鬥，就像故事中的那個王牌員工一樣，最終面臨的肯定是被解僱的命運，帶著自己曾經的

「榮耀」走向失敗。

想要成功，必須努力，可是，努力也要找對方向，要明白，一個人默默努力，是不夠的，還要懂得跟別人合作，只有擁有強大的合作能力，才能夠在現今的社會中立足。我們要搞清楚，懂得合作是成功者的共同特質，也是他們能夠獲得成功的基礎之一。正是因為明白如何跟別人合作，透過合作做到自己無法獨立完成的事情，他們才會獲得成功。這是規律，更是智慧。

李開復透過朋友的故事闡釋了這個道理，而我們要做的就是理解並牢記這個道理，運用到自己的生活和工作中，要懂得尊重別人，知道與人合作。只有這樣，我們心中的理想才能實現，也只有這樣，自己渴望的成功才能夠變成現實。要明白，會合作是一種能力，且是非常重要的能力。

懂得換位思考

同理心是在人際交往過程中，體會他人的情緒和想法，理解他人的立場和感受，並站在他人的角度思考和處理問題的能力。

—— 李開復

創業後的李開復，一直在扮演著青年導師的角色。他很喜歡這個角色，做得也很出色，幫助很多年輕人擺脫了困惑。李

第十章　溝通與合作，成就更大的自己

開復經常會提供年輕人人生、事業上的指導，他會將自己的人生經驗毫不保留地告訴大家。在這些經驗當中，有一條就是要做一個有同理心的人。李開復口中的同理心，其實就是換位思考。在李開復看來，一個人想要成就事業，必須要懂得換位思考，要學會站在別人的角度看問題。只有這樣，我們才能在激烈的競爭中勝出，成為強者。

對於這一觀點，李開復曾經做過充分的解讀。李開復說，現在是一個講究分工合作的時代，在這樣的環境下，個人能力強有優勢，但想靠一個人單打獨鬥而開創一番事業，顯然已經不太實際了，要靠團隊共同合作才行。而想要一個團隊發揮出最大的戰鬥力，首先要做到的就是團隊內的成員互相了解，只有了解才能夠培養出默契，彼此配合。而了解的關鍵，則在於懂得站在團隊內其他人的角度思考。只有這樣，我們才能夠了解我們的夥伴，配合得更好。

李開復曾經講過一個故事，故事的主角是「開復學生網」的一位網友。那位網友說，他是一個大學生，在班裡擔任班長。大一的時候，他對班上的同學總是很嚴格，要求班上的每一位同學都要嚴格遵守紀律，上課不能遲到，更不能逃課；宿舍要乾淨、安靜，要有適合學習的氛圍；談話交流要得體，懂得彼此尊重。每次開班會或與同學聊天的時候，這位班長都會提到這些要求。他覺得自己很敬業，也很稱職，在同學中應該是有威信的。但結果卻讓他很意外，在班級德育評選過程中，他的德

育分數是班上第十名,同屆的其他班長都是排在班上前五名的。

這個結果讓他很難接受,他變得異常沮喪,他想不通到底為什麼,難道就因為要求太高所以招人討厭嗎?後來,這位班長的媽媽知道了這件事,她跟自己的孩子說:「你要懂得站在別人的角度看待問題,而不是一味地用自身的標準去約束其他人。想想看,你喜歡別人總是居高臨下地教育你嗎?如果你不喜歡的話,那麼,他們會喜歡嗎?別忘了,你們都是同齡人,有著相似的看法。」

媽媽的話帶給這位班長很大的啟發,他想,與其天天教別人如何做,不如自己先做好,當一個榜樣,用行動來證明給大家看,同時,他也改變了溝通方法,不再使用教育的口吻了,而是用真誠去打動別人。逐漸地,他與同學們的關係變得親密了。

在第二學年的德育評比中,班長得了 99 分,是全院最高分。第三學年,同學們為他打了一個理論上不可能出現的分數,103 分。老師看到這個分數後感到很奇怪,問同學們,滿分是 100 分,怎麼你們打出了一個 103 分?同學們答道:「班長對我們太好了,我們覺得 100 分不夠,所以才給了 103 分……」換位思考,讓這位班長獲得了同學們的認可,同時,也讓他們的班級受到了同年級學生的認可。這個事例完美驗證了李開復的看法。只有懂得從別人的角度看待問題,才能夠讓自己的工作順利開展,同時讓自己的團隊發揮出最大的能量,在競爭中脫

第十章 溝通與合作，成就更大的自己

穎而出。這是方法，更是智慧。

身為一個年輕人，要學習的就是這種方法，這種智慧。我們要明白，單靠一個人的力量是很難成就一番事業的，需要別人的配合，更需要跟別人配合。而鍛鍊相互配合能力的最好方法，就是懂得換位思考，知道站在別人的角度考慮問題，只有這樣，才能夠讓我們的能力都得到提升，在配合的過程中將力量發揮到更大。

▎改變自己，接受他人

想成功地與人相處，想改變別人或讓別人遷就自己，唯一的方法就是首先改變自己。

—— 李開復

每個人多多少少都會有一些自信情結，我們總是會下意識地認為自己是正確的，而不願去聽別人的意見。在我們的眼裡，別人的意見更像是不理解我們的感受的評論，無關痛癢，跟我們並沒有太大的關係。這是每個人都會有的想法，是人的思維慣性導致的。不過，如果想要成功，就要有克制這種思維慣性的能力。就像李開復所說的，要想讓自己更加強大，就要懂得改變自己，接受他人。

「改變自己，接受他人」是一個看似非常簡單的道理，但是實

作起來恐怕就沒那麼容易了。很多時候，我們能夠改變社會，甚至改變世界，但想要改變自己，確實有點難度。不過，正是這種有難度的事情，做到了才會收穫更多。在這方面，李開復有很多獨特的觀點。

在演講中，李開復曾多次表示，他心中最好的成功是大家都成功。透過合作雙贏的方式，讓每個人都得到自己想要的，才是最理想的成功狀態。而想要達到這種狀態，自然就需要跟別人配合了。可現實中，很多人都喜歡單打獨鬥，或者喜歡別人配合自己，而沒有配合別人的觀念，我們更喜歡改變別人，而不是改變自己。這是不行的，它會阻礙我們進步。

有這樣一個小故事，一艘戰艦正在濃霧中航行，極差的能見度使得它的速度很慢。入夜後沒多久，瞭望員突然報告右舷方向有燈光，且正在逼近。這表示如果不調整方向，雙方會撞上，後果不堪設想。艦長馬上對信號兵下了命令：「通知對方，轉向20度。」信號手發完信號後，接到了對面的回覆：「建議你轉向20度。」艦長聽到後大怒，對信號兵說：「告訴他，我是艦長，請他轉向20度。」結果對方回應是：「我是二等水手，還請你轉向。」這句話徹底激怒了艦長，他大吼道：「告訴他，這裡是戰艦，請他們轉向20度。」結果，對方傳來的訊息是：「這裡是燈塔。」最後，還是戰艦改變了航道。

這是一個帶有幽默性質的小故事，用來說明道理，能給我們很多啟示。透過這個故事，我們看出，改變自己有時候比改

第十章 溝通與合作，成就更大的自己

變別人更容易。所以，從這個角度而言，改變自己接受別人往往能讓我們更快地做出反應，從而掌握主導權。而如果沒有這種意識，總是想要對方配合自己，恐怕就沒那麼輕鬆了。

在團隊合作中也是一樣，改變自己比改變我們的夥伴更容易，也更能收到成效。不過，凡事過猶不及，我們也不能因為改變自己相對容易，就一味謙讓退縮，那也是不行的。首先要有一個良好的判斷，如果我們的辦法更好，當然還是要堅持的，不過要採取溫和一點的方式讓別人接受。如果不是這種情況，那麼，就要嘗試著改變自己，因為這是我們最好的選擇。

對年輕人來說，我們的優勢是青春、是熱情、是鬥志，而劣勢在於沒有經驗、沒有累積，更沒有人脈。我們要認清自己的優劣勢，然後找到最好的方法，讓自己在最短的時間內獲得最大的成長。而想要達到這個效果，學會改變自己，接受別人，是最佳的途徑。

我們應該意識到，我們自身所缺乏的經驗、累積、人脈等，都是需要調節自我適應別人才能夠得到的，一味去改變別人是不現實的。意識到了這點，也就明白了改變自我的重要性。身為一個年輕人，要學會鑑別和選擇，對於前人的成功經驗，要積極學習，唯有如此，我們才能夠像李開復一樣，獲得成功。

要牢記，改變別人往往會事倍功半，而改變自己卻可以事半功倍。

合作意識強弱決定格局大小

> 懂得合作的人，才有可能取得更大的成就。
>
> ——李開復

在一個穩定的社會環境中，商業會獲得極大的發展，各行各業會湧現出很多的成功者。如果將這些成功者放在一起進行比較，會發現他們有很多的共同點，比如說都懂得合作，都願意分享等。而如果進一步研究，就會發現，他們在合作意識方面，也是有差異的。那些合作意識更強的人，事業會更大，格局也會更大。而合作意識稍差一點的，則會稍稍遜色。

這個觀點並不是空穴來風，而是有根據的。而且，很多成功人士也都持有類似的觀念。李開復就認為，一個人能成就多大事業，要看他有多大的格局，而想要知道這個人的格局，可以看他對別人的態度，看他是否能夠跟人合作，能合作到哪個層面。李開復覺得，合作意識強的人，其格局也大，這種大的格局，可以讓他取得更加優異的成績，在實現自我方面也會走得更遠。而關於這點，他還講過一個小故事。

李開復在微軟工作期間，有一次，總裁巴爾默（Steve Ballmer）請他重組兩位高級副總裁分別管理的研發團隊。接受任務之後，李開復首先進行了調查，他發現，從技術角度看，這兩個團隊應該合併起來。可是，在執行的過程中，他卻遇到了麻煩。

第十章 溝通與合作，成就更大的自己

原來，在兩位副總裁看來，如果合併，那麼就意味著自己可能要放棄對團隊的控制權，那麼，自己在公司中的地位肯定就會動搖。所以，他們兩個都表現得非常不積極，不願交出自己的研發團隊。

起初，李開復對他們進行了勸導，但雙方都不讓步，最後還都擺出了寧為玉碎、不為瓦全的架勢，堅決不同意放棄團隊的領導權。李開復認為，這兩個人沒有絲毫合作精神，只看重自己的「虛名」而不顧整個公司的利益，是不折不扣的「因小失大」行為。所以，他做出最終決定，建議同時解除這兩個副總裁對研發團隊的控制權。

將兩個副總裁的控制權解除之後，李開復重整了兩個部門，為公司保留了最大利益。最終，李開復完成了總裁交給自己的任務，而那兩個副總裁，則不僅失去了團隊，同時也暴露了自己的缺陷。他們這種只顧自己、合作意識淡薄的行為，讓員工們看到了他們格局的狹小。

李開復經常向年輕的朋友們分享這個故事，同時，他也會告訴年輕人，在科技進步、資訊發達的今天，單靠個人努力、單打獨鬥獲取成功的可能性已經越來越小了，只有團隊合作才能讓我們獲得更多的成功機會。

現今的社會，不管是對成功的定義，還是獲得成功的方法，都跟以前有很大的差異。在以前，科技不發達，分工不細

合作意識強弱決定格局大小

緻,各種事物相對簡單,所以個體的單打獨鬥是非常容易成功的。但是現在情況不一樣了,個體很少能夠單純靠自己就在一個行業嶄露頭角,凡事都要講究合作,追求雙贏。這才是現代社會的成功祕訣。

在這種情況下,我們要做的不是改變環境,而是適應環境。要學會改變自己,接受他人。只有這樣,我們的合作意識才會提高,合作意識高了,自然能夠讓自己的人生格局更大。那時候,成功自然不再遙遠。

格局決定事業,事業決定人生,能否真正合作則可以反映出一個人的格局。這些環環相扣,只有將其貫串,我們才能離成功更近,而想要做到,自然應該從最基本的學會合作開始。

第十章　溝通與合作，成就更大的自己

第十一章
幫助別人，就是成就自己

在人生的道路上，快樂和痛苦並存，有人分享則快樂加倍，有人分擔則痛苦減半。

—— 李開復

第十一章　幫助別人，就是成就自己

▍別人的「閒事」有時候也得管管

只有聰明的人才懂得幫助別人的樂趣。

—— 李開復

俗話說：「贈人玫瑰，手有餘香。」意思就是我們送別人一束玫瑰，在帶給別人歡愉的同時，自己的手裡也會留有一定的香味。這句話在告訴我們，幫助別人的同時，自己也是能夠得到快樂的。這份快樂就像留在手中的玫瑰餘香一樣，雖不似花朵的香味那麼濃郁，但回味悠遠，每次你想起的時候，都彷彿有一縷香縈繞在你的周圍，讓你感覺非常愜意。這種快樂是持續的，不僅可以讓你的心情變好，有時候還能帶給你意外的驚喜。這也正是人們一直主張要無私幫助別人的原因，因為這不僅對別人有利，也對我們自己有利。

在助人方面，李開復一直做得很好，他常常和年輕人溝通，幫助年輕人解決人生疑問。在溝通過程中，很多不經世事的年輕人往往找不到重點，問的都是些沒有意義的問題。面對這種情況，李開復並沒有像很多職場菁英一樣，給予駁斥和鄙視，而是非常耐心地回答，並幫他們講解，助他們進步。有人問李開復為什麼對年輕人這麼好。他說，他想為社會做點事，而最好的做法，當然就是讓我們的年輕人少走彎路。因為他們是這個社會的主人，如果他們能更迅速地成熟，那我們的社會肯定

別人的「閒事」有時候也得管管

會變得越來越美好。更重要的是,看著那些不諳世事的年輕人因為自己的指點而變得成熟,是有一種成就感的,也可以為自己帶來快樂。

李開復不僅自己樂於助人,也經常告訴別人助人的好處。他經常向年輕人分享一個寓言,用來說明幫助別人不僅能給自己帶來快樂,有時候也能幫我們減輕負擔。有一個商人,家裡有一頭驢和一匹馬。這天,商人去進貨,將馬和驢都帶去了,買了貨物之後,分成兩份,分別讓自己的馬和驢來馱,就回家去了。

走到半路的時候,驢感覺自己要累垮了,牠覺得背上的貨物異常沉重,像一座山一樣壓著自己,有些快要喘不過氣了。驢有了這種感覺之後,判斷自己將要撐不住了,於是,牠用盡力氣,趕上了走在前面的馬,對馬說:「兄弟,幫我馱一點東西吧,我實在累得走不動了。對你來說,這點東西根本不算什麼,但是對我來說可以減輕很多負擔,我以後會報答你的。」

馬看了看驢,冷冷地答道:「我們都有自己的工作,我做起來比較輕鬆是因為我能幹,這並不構成我幫你的理由。所以,你還是自己努力吧!」說完,馬加快腳步,開始趕路了。

沒多久,驢就因為不堪重負,累趴下了,倒在地上,口中吐著白沫,再也站不起來了。主人看到之後,將驢背上的東西全都卸了下來,放到了馬背上。之後給驢一點飼料和水,重新上路了。

路上,累得氣喘吁吁的馬,看著背上什麼也沒馱,邊走邊

> 第十一章　幫助別人，就是成就自己

恢復著體力的驢，懊悔極了。

　　這個小寓言很有意思，它利用動物們的表現，展現了人間的道理，很多時候，我們都會以不是自己的事情為由而拒絕幫助別人。但是，造成的結果是，自己不但沒有落得清閒，反而變得更加辛苦了。而那些懂得幫助別人的人，反而能像送人花一樣，手中留有香味。

　　我們要意識到，助人不僅是一種投資，更是一種累積，同時還是快樂的泉源。助人的這些特點，是前人經過多年的努力總結出來的，是古人留給我們的智慧。如果足夠聰明，像李開復一樣，將這種傳統繼承下來了，不但能獲得開心，還能取得成功。而如果做不到繼承，不懂得助人，那麼，肯定就是另一番情景了。這種人，永遠也得不到李開復那樣的成功。

　　以上說到的，是經驗，是智慧，更是方法，只有牢記於心，然後努力打拚，才能用這份經驗，這份智慧，這種方法取得成功，最終實現自己的價值。

▍幫助別人也是一種投資

　　幫助別人就是在幫助自己，因為它可以讓你獲得更多人的認可。

―― 李開復

> 幫助別人也是一種投資

　　古人常說：「滴水之恩當湧泉相報。」是教育我們要懂得感恩，對於幫助過我們的人，要記得報答，只有這樣，我們的品德層次才會提高，這是對一個人的道德要求。如果從這個要求反推，就可以得出一個結論，即，很多時候，幫助別人是可以收穫回報的。這一點是事實，不過常常會給人一種不舒服的感覺，讓我們覺得，這樣看問題的話，就將助人庸俗化了，成了帶有目的性的行為了。對此，李開復有不同的看法。

　　李開復認為，幫助人可以獲得回報是客觀事實，我們可以不出於這個目的去助人，但無法否認這個事實的存在。而且，他覺得，承認這個事實對於幫助別人也是有益的。李開復的解釋很簡單，現代是一個商業社會，做什麼都是講究回報的，幫助人也是一樣。如果純粹是為了助人為樂當然值得尊重，但是有時候抱著收益的目的也未嘗不可。比如，一個人的公司面臨困境了，這時候，如果不是出於利益的目的，我們未必會幫助對方，因為想要救活一家公司畢竟不是一件簡單的事情，需要大量的投入。但是，如果你心中有一個利益的考量，或許就會以投資為目的，幫助他們。對於這家公司來說，活下去的機會更大了。這，當然是有益的。

　　不過，我們要正確理解李開復的意思，他並不是主張所有的助人都是要用利益來考量、從回報的角度看待，這不是李開復的意思。李開復的意思是這種考量是有範圍的，大都是商業圈內的事情。也就是，在別人的公司或者事業遇到困難的時候，

第十一章　幫助別人，就是成就自己

我們幫一把，有時候可以具有投資的效果。而且，抱著這個目的去幫別人，偶爾也會取得雙贏的效果。

▋幫助他人成功才是最大的成功

真正有能力的人不僅能夠成就自己，還能成就他人。

—— 李開復

關於成功，每個人都有不同的看法，有人認為，賺到更多的錢就是成功，有人覺得擁有更廣的知名度才叫成功，還有人認為做自己喜歡的事並完成了就是成功。這些人對成功的定義，都是出自個人的喜好或者經歷，他們說得都有道理，但都不夠全面。事實上，幫助他人成功，才是最大的成功。

在這一點上，李開復做得很好，不論是在微軟、蘋果還是Google 公司，李開復對下屬一直都非常照顧，交他們做事的方法，幫他們完成自己的事業，推動他們的成功。更難得的是，李開復自己創業之後，做的就是幫助創業者成功的事，充分地體現出了他的社會責任感。同時，也說明了李開復對「成功」有著不同於他人的解讀。或許，正是這種高於常人的解讀，李開復才成就了自己的事業，獲得了巨大的成功。

關於為什麼幫助他人才是最大的成功，李開復曾多次解釋，這裡就不再贅述。我們先來看一個「開復學生網」上的網友分享

> 幫助他人成功才是最大的成功

的個人經歷，或許更能給我們啟發。

有一個年輕人，大學畢業後沒有找工作，而是聯合了幾個朋友，開始了自己創業的道路。他們經過一番努力，獲得了某產品的代理權，成了該產品在他們城市的總代理商。拿到授權之後，他們就開始跑市場了，到處聯繫經銷商。

按照一般人的想法，幾個年輕人只需要找到經銷商，然後把產品賣給他們，之後收錢就可以了。但是他們並沒有止於此，而是經常跟下游的經銷商們聯繫，問他們銷售情況，替他們出主意，幫他們賣產品。

這些年輕人經常會對經銷商進行走訪，跟他們聊市場、聊管理。每當從某家經銷商那裡獲取有用的資訊或者成功的經營經驗時，他們都會大幅推廣，教給其他的經銷商。而且，更難得的是，他們還會偶爾請來專家，培訓這些經銷商。總之，他們一直在做一件事，就是不只將產品賣給下游，還積極幫他們成功。

不久，幾個年輕人的付出得到了回報。由於他們的努力，下游經銷商的業績非常好，銷售量是其他城市的兩倍多。產品賣得好，代理商自然賺得也多，同時，從廠商那裡也能得到更多的支持。幾個年輕人的事業更加有保障了。

當有人問他們為什麼要那麼努力幫助別人的時候，幾個年輕人說，現在是一個講究合作的社會，沒有哪一個人或公司能

第十一章 幫助別人，就是成就自己

夠靠單打獨鬥生存。在這樣的情況下，想成功就要懂得合作，要懂得幫助他人。從某種意義上講，現代社會已經和從前不一樣了。現在，幫助他人成功才是最大的成功。因為很多時候，幫助別人就是在幫助自己。

這幾個年輕人很聰明，他們看到了市場，更是看到了市場背後的祕密，所以，才能夠取得很好的成績。而他們之所以能夠看到這些祕密，跟其樂於助人的性格也是有很大關係的。正是因為他們懂得幫助別人，才能看到幫助別人在為自己帶來樂趣的同時，也能帶來利益。有了這種體悟，做出上面的事情也就不奇怪了。

所謂英雄所見略同，幾個年輕人和李開復在這件事上的看法竟是那麼一致。可見，他們能夠取得成功並非偶然，而是有著必然性的。這些導致必然的因素正是我們應該學習的地方，身為一個有理想、有抱負的青年，我們應該利用一切機會，從別人身上學習成功經驗。之後經過思考、消化，將它變成我們自身的優勢。唯有如此，我們才能夠在通往成功的路上走得更快、更遠。

幫助他人，不僅是一種品格、一種境界，從某種意義上講，也是一種歷練。我們可以在幫別人的過程中獲得快樂，更能獲得很多處理問題的經驗。這份經驗是成功所必需的，也可以算是助人為樂的一種回報吧！

■「施」比「得」更能夠體現人生的價值

真正的境界不在於「拿得起」，而在於「放得下」。

―― 李開復

「人生價值」是一個非常宏大的詞彙，我們每個人都想盡可能體現自己的人生價值，可是卻少有人能做到。甚至，很多時候我們都不懂得什麼叫做人生價值。其實，所謂的人生價值，有宏大的一面，需要我們用一生去體悟；也有細微的一面，只要細心就能感受得到。它是很難定義的，但也並不是完全無跡可尋。一般情況下，人們口中的人生價值往往是我們創造了什麼，而我們又擁有了哪些。在很多人的眼中，我們擁有東西的多寡，就是人生價值是否得到體現的參考。沿著這個思路走下去，我們就可以得出結論，那些更富有、更有地位的人的人生價值更大。但是，真的是這樣的嗎？

關於人生價值，李開復有一個觀點很有意思。他說，人生的價值在於「施」而不在「得」。李開復的觀點，跟我們的傳統觀念好像產生了直接的衝突，那麼，為什麼李開復會抱有這樣的觀點呢？我們先來看看他的解釋。

在李開復看來，與「施」相比，「得」更簡單些，因為「得」往往是靠手段，而且成效也比較具體，是可以量化的。但「施」就不同了，它帶來的快感往往不能量化，並不是很快就能夠讓

第十一章　幫助別人，就是成就自己

你體驗到的，所以，做到「施」靠的不僅是手段，還需要你有一定的境界。而這份境界正是人生價值中，最珍貴的一部分。所以，「施」比「得」更能夠體現人生的價值。

透過李開復的邏輯，我們可以看到一個忠厚長者的形象，他一直致力於幫助年輕人成功，一直在做著「施」的事情，而同時我們也可以看到，他的人生價值確實得到了很好的體現。這，或許可以作為他觀點的佐證。

李開復不僅在各種場合向年輕人分享「施」比「得」更重要的價值觀，也在用自身的行動實踐著自己的理念。有一次，李開復去印度出差，他的行程是從北京飛到香港，之後轉飛機到邦加羅爾。經過了十幾個小時的奔波，李開復終於抵達印度。可是，在檢查簽證的時候，李開復的祕書才發現，自己忘了把李開復的簽證帶去。無奈，李開復只好原路返回。

對於一個做祕書的人來說，這是一個很大且不該犯的錯誤，所以，回到北京後，李開復的祕書很緊張。但是，李開復並沒有對他發火，只是平靜地說：「下不為例。」

在李開復看來，事情已經過去了，但祕書依然覺得忐忑，在接下來的工作中，祕書總是表現得小心翼翼，唯恐再做錯什麼，神經很是緊張。為了化解祕書的緊張情緒，在幾天後要去飯店參加會議前，李開復故意說：「飯店的簽證沒有忘記拿吧！」眾人聽了之後哈哈大笑，而祕書心中的「結」也因為這個小玩笑

「施」比「得」更能夠體現人生的價值

而解開了。

後來，在李開復離開 Google 公司，創辦創新工廠的時候。他的祕書堅定不移地表示，要跟隨李開復一起離開，李開復同意了。而其他人也想跟他一道走的時候，李開復卻拒絕了。他的理由很簡單，祕書跟了自己這麼多年，幾乎是無話不說的朋友了，兩個人有高度的默契，如果不跟他走，換一個長官來，祕書的工作未必能夠做得跟以前一樣好。所以，他願意帶著祕書離開，但其他人不一樣，他們是做技術的，留在 Google 待遇更加優渥。

這就是李開復的人生哲學，他一直奉行著「施」的理念。即使在創業的初期，正是需要人才的時候，他招募人才時也會評估他所提供的職位是否對對方有利。由此可以看出李開復的人格，也讓我們明白了，他為什麼能夠取得那麼優異的成績。因為他有著足夠支撐起其事業的格局、有著別人無法達到的境界。正是這種格局、這種境界，讓他可以看到別人看不到的機遇，完成別人無法完成的事業。這是李開復的核心競爭力，也是他的人生價值中最值錢的部分，更是渴望成就自我的年輕人要學習的地方，因為只有這樣，我們的人生價值才能夠得到最大的體現。

第十一章　幫助別人，就是成就自己

▌利人之舉，常常也是利己之事

樂於助人的人，人們肯定也願意幫助他。

—— 李開復

古人常說：「利人之舉，常常也是利己之事。」通俗點說，就是很多時候，幫助他人就是在幫助自己。這是古人留下的智慧，是他們根據自己多年的經驗總結出的箴言。這些箴言是民族的財富，更是我們應該繼承的東西。要知道，這種經歷過時間考驗的觀點，才是最可靠的觀點。更何況，現在也確實有很多成功者，都在用自己的經歷證明這個觀點的正確性。其中，李開復就是一個。

李開復是一個非常喜歡幫助別人的人，甚至可以說，助人，是他的事業核心。他這麼做不僅是因為他有很強的社會責任感，還因為他頭腦清醒，知道幫助別人就是在幫助自己。在李開復看來，能夠幫助別人是一種快樂，更是一種成就。這種快樂和成就可以豐富我們的生活，更能昇華我們的人生，這才是最偉大的事業。而且，助人往往還能收穫到意想不到的驚喜，舉一個小故事為例。

在蘇格蘭，有一位叫弗萊明的貧苦農夫，他心地善良，樂於助人。一次，他耕作時，忽然聽到呼救聲，立即放下手上的工作，向呼救聲傳出的位置跑了過去，發現一個男孩掉進了糞

池，弗萊明將這個男孩救了起來。

兩天後，一位紳士駕著一輛華麗的馬車來到了弗萊明的家。他說他是被救男孩的父親，是來道謝的。這位紳士要用重金感謝弗萊明，但弗萊明並不接受，他說：「我不能因為這件事而接受報酬。」

正在推讓之際，一個少年從外面走進屋來，紳士看了少年一眼，問弗萊明：「這是你兒子嗎？」農夫驕傲地說：「是的。」紳士略加思索，說道：「那好，你救了我的孩子，又不願接受饋贈，那就也讓我為你的兒子盡點力，算是回報吧！請允許我把你的兒子帶走，我要讓他接受最好的教育。」看到紳士那誠摯的眼神，老弗萊明答應了他的提議。

紳士很守信，他把老弗萊明的孩子帶到城裡，送進了最好的學校，還供他到聖瑪麗醫學院上學，直至畢業。

弗萊明的兒子很爭氣，他不僅學業優秀，也取得了偉大的成就，於1928年首次發現青黴素。而那個被弗萊明救起的孩子，最後也成就了一番偉大的事業，他叫邱吉爾，是英國著名的政治家，二戰時期的首相。

故事到這裡還沒有結束，一次邱吉爾患了重病，正是青黴素救了他。

這是一個很溫馨、很感人，也有很多巧合的故事，不論這是人們的演繹還是真實的案例，都能給我們很多啟發，讓我們

> 第十一章　幫助別人，就是成就自己

明白很多道理。其中，最重要的一個就是，幫助別人就是在幫助我們自己。

老弗萊明是一個熱衷於助人的人，從他不接受報酬可以看出，他完全是因為自身的道德感召才去救人的，並不求回報。可就是這種不求回報的助人方式，讓他獲得了最好的回報，為自己的兒子帶來了接受良好教育的機會。同時，那個紳士，也就是邱吉爾的父親，也是這樣的一個人。我們可以看出，他對弗萊明的謝意是真誠的。因為教育一個孩子比拿出一筆酬謝金，要付出更多。但他做到了，說明了他有幫助人的精神。而最後，他也確實因為這點，又救了兒子一次。

這個小故事，讓我們明白了幫助別人就是幫助自己的道理。這是李開復交給我們的成功經驗，是我們應該學習的生存智慧。

▋團結就是力量

在人生的道路上，快樂和痛苦並存，有人分享則快樂加倍，有人分擔則痛苦減半。

―― 李開復

培根說：「分享是一件很有趣的事，如果你和朋友分享快樂，就會有加倍快樂，和朋友分擔憂愁，則只剩下一半憂愁。」這段話充分說明了分享的意義。從這段話可以看到，分享是可

> 團結就是力量

以調節人的心情的，遇到高興事的時候，跟身邊的人分享，可以讓他們體驗到你的快樂，同時看到別人因自己而快樂也可以讓你的快樂增加。遇到煩心事的時候，跟別人分享，會得到別人的開導和鼓勵，可以有效減少自己的負面情緒。由此可知，對一個人來說，分享是非常重要的。

李開復是一個重視分享，也喜歡分享的人。很小的時候，他就懂得跟自己的夥伴們分享零食等東西，是一個非常受歡迎的人。李開復常說，正是因為懂得分享，懂得為別人著想，所以他才有那麼多的朋友。這些朋友給他帶來快樂，幫他減少痛苦，同時也會助他成功。在李開復看來，懂得分享並不只是一個人的品格，更是一種智慧，是一份財富。

在李開復的人生裡，分享發揮了很大的作用，讓他有一個好心情去面對工作，同時也讓他有一份快樂和擔當去解決問題。正是懂得分享，他才獲得了如今的成就。而且，他還經常用一個小故事告訴人們分享的重要性。

從前，有三個和尚，志空、志明和志慧。他們是師兄弟，相約出外雲遊，參佛悟道。在旅途中，三個人來到了一個村子裡，在化緣的時候，遭受了冷淡對待。經過打聽，他們得知，原來這個村子經歷了很多的苦難——洪水、乾旱、戰爭……村民們被折磨得疲憊不堪，對人生失去了信心，鄰里間相互猜忌，互不信任，對外人就更不相信了，所以才會冷眼看待和尚們。

第十一章　幫助別人，就是成就自己

師兄弟三個了解情況之後，決定幫幫村民們。他們找來柴火，弄到一個鍋子，放了三塊石頭在裡面，開始煮湯。村民們很快就聽說了這件事，都感到奇怪，石頭怎麼能夠煮湯呢？便圍過來看，想搞清楚和尚們到底想要做什麼。大和尚志空看來了很多人，就說自己要煮的石頭湯是世上少有的美味，如果有人想學可以在旁邊注意觀看，眾人一聽，更加凝神看了。

煮到一半，大和尚志空說，湯已經開始出味了，不過加點鹽和胡椒粉會更好喝。一個秀才聽了，跑回家拿了鹽和胡椒粉，放了些進去。不一會兒，大和尚又說：「要是加上些紅蘿蔔，肯定更甜。」一個婦人聽完拿來了紅蘿蔔。就這樣，大和尚每說一種材料，就有一個人回家去取。結果，洋蔥、蘑菇、蔬菜、麵條等都拿來了，放了滿滿一鍋。

最後，湯煮成了，果然很好喝。眾人問大和尚，這是什麼石頭，煮出來的湯如此美味。大和尚答道：「這只是普通的石頭，世上也沒有好喝的石頭湯。剛才你們喝的湯之所以美味，在於你們自己帶來的那些食材。你們看，一樣食材放在家裡，什麼也做不成，但每人出一樣，放在一起煮成湯，就可以完成所有人都可以喝的美味了，這正是分享的樂趣……」

至此，村民們恍然大悟，明白了只有分享才可以拉近大家的距離，只有團結才能夠有更大的力量。幾天後，村民們聚集在了一起，有的拿來了竹籃，有的拿來了槌子，有的拿來了飯菜。聚在一起，開始挖渠建壩。幾個月之後，水壩建成了，他

們不再害怕乾旱和水災了。而且,村裡還形成了一個習俗,每到過年的時候,村民們都會集結到村莊口,每家出一樣食材,煮「石頭湯」喝,他們是想用這種方式紀念幫了村子的三位和尚,也是在用這種方式讓後代牢牢記住,只有懂得分享才會團結,團結之後,自己才有可能快樂,生活才會幸福。

故事很精采,三個和尚很聰明。他們的簡單合作,讓村民們意識到了分享的重要性。最終,村民們也確實在互相分享中,獲得了美好的生活。身為一個想要成功的年輕人,你也應該跟他們一樣,學會分享。只有這樣,才有可能成為像李開復一樣取得事業輝煌的人。讓我們在分享中體驗更多的快樂,在分享中減少自己的痛苦吧!然後輕裝上陣,透過努力實現自我。

人生價值在分享中完美展現

分享可以讓你的成功更加耀眼,可以讓你的思想得到更好的傳播。

—— 李開復

有人說,交換思想和交換蘋果是不一樣的,兩個人交換了蘋果之後,還是每個人手裡只有一個蘋果,但兩個人交換思想之後,每個人的頭腦中就都有兩種思想了。這話的意思是在強調溝通和交流的重要性,不過,如果帶到另一個領域,似乎也

第十一章 幫助別人，就是成就自己

很能作為參考。那就是經驗和智慧的分享。同一件事，兩個人互相分享自己得到的經驗，兩個人不是也都有兩種經驗了嗎？這是對每個人都有利的事情。

關於分享自己的成功經驗，李開復做得很好，自從創業以來，他一直在跟年輕人分享自己的成功經驗，想用自己的智慧照亮別人的人生。他的願望是偉大的，而且也確實起到了不俗的效果，很多年輕人在李開復的關照下，明白了人生的真正含義，學到了很多做人的道理、做事的經驗。而李開復也在跟別人分享的過程中讓自己的人生價值得到了最完美的體現。這是一個雙贏的結果，是大家都想看到的。而這一切的來源，則是李開復有願意跟人分享的美德。

其實，看重分享並不是李開復獨創的，很多偉大的人在這一點上都有共識，我們先來看一個小故事。

1978年，來自世界各地的75位諾貝爾獎得主齊聚巴黎，參加一個學術討論會議。諾貝爾獎是世界上含金量最高的獎項，獲獎者也都是世界上最聰明的人，人們對這些人都非常崇敬，自然就想得到他們的指點。正是出於這個目的，有個記者向一位諾貝爾獎得主提出了一個問題：「在您的一生中，您認為最重要的東西是在哪所大學、哪所實驗室裡學到的呢？它具體是什麼呢？」

聽了記者的提問後，這位白髮蒼蒼的諾貝爾獎得主平靜地

答道:「幼稚園。」聽了這個答案,記者很吃驚,以至於打斷了老人的話,追問道:「幼稚園?為什麼?您在幼稚園學會了什麼?」

老人看了看記者,微笑著答道:「我在幼稚園學到了很多,其中最重要的一點是,要把自己的東西分一半給夥伴們,這是我學到的最重要的東西⋯⋯」

老人回答完之後,記者沉默了,而臺下,爆發出了雷鳴般的掌聲。

這是一個很有啟發性的小故事,從中我們可以了解到,在我們看來很重要的努力、打拚、向上等,在獲得諾貝爾獎的老人眼中,都不如懂得分享重要。或許,這就是我們沒有他那般的成就的原因。因為我們所有的作為都是為了自己,而他懂得為了別人去做,這是難得的,不過也正是這份難得,可以讓人成就更大的事業。

試想,如果你身邊有兩個人,一個願意跟你分享他的東西,另一個則完全不願意,那麼,你喜歡跟哪個來往呢?肯定是願意分享的那個。因為他會讓你產生一種印象,他看重你、在乎你,出於對這種印象的判斷,你也會在意他,並願意幫助他。而不懂得分享的那個恰恰相反,會給人一種不好相處的印象,沒有人願意幫助他。

如果一個人身邊的人都願意幫助他,願意跟他共事,願意

第十一章　幫助別人，就是成就自己

和他分享自己的成功經驗。那麼，這個人的個人累積速度將會非常快，成長也會非常快，那麼，其取得成就，實現自我價值也就相對容易得多了。這是一個白髮蒼蒼的諾貝爾獎得主的人生經驗，也是李開復的人生經驗。我們要明白，正是他們有這種意識，所以他們才會比我們更加成功。

明白了上面的道理之後，我們就應該採取行動了。以這些成功者的經驗為指導，改變自己的思維和行為，努力和別人分享，讓自己也成為一個成功的人。屆時，你一定會體驗到，在成功中綻放自己，讓自我價值完美發揮的快感。

第十二章
成功來自不斷反思與修正

懂得改變自己的人才能跟上時代的步伐。

―― 李開復

第十二章　成功來自不斷反思與修正

▌發現缺點要靠自覺

及時的自省和自我批評往往是糾正自身錯誤、實現快速轉型的關鍵所在。

—— 李開復

古語說:「人非聖賢,孰能無過。」我們每個人都有缺點,或大或小罷了,這一點是無需擔憂也沒必要羞愧的。事實上,完全沒有缺點的人才是更可疑的。不過,我們也不能因為有缺點是正常現象而放任自己的缺點不去改變,這樣的想法也是錯誤的。真正理性的做法是,讓自己的缺點盡量少,要勇於發現並承認自己的缺點,之後改正。只有這樣,我們的價值才能夠進一步體現出來,如果做到了,在獲取事業的成功上,也會更加容易。

關於如何發現並改正自己的缺點,很多人都有自己的看法,可謂是眾說紛紜,有的認為應該交些正直的朋友,由他們提醒;有的認為應該多跟長官溝通,他們站得高,看得更準。這些看法也都有自己的道理,不過,這些方式真正執行時在效率和成果上會打折。所以,我們還是有必要探究出一種更好的辦法。在這點上,李開復的觀點很具啟發性。李開復認為,發現自己的缺點要靠自覺,而不是別人提醒。在他看來,自覺是最有效也最有用的辦法,只有自己發現缺點並有改正的意識,我們才能夠邁向成熟。

不過,我們也必須看到,自覺並不是每個人都具備的特

發現缺點要靠自覺

質,甚至可以說,自覺是我們大多數人都缺少的特質。那麼,想要靠自覺來改正缺點,就有困難了。不過,李開復幫我們解決了這個問題。他說,可以透過自省的辦法來培養自覺。

為此,他還講過一個小故事。

有一天,一個年輕人來到了街角的報亭使用公共電話。他拿起話筒,按了一串號碼,接通後,他壓低嗓音說:「您好!請問您需要割草嗎?」

對方回答說:「不用了,我有自己的割草工。」

男子又說:「我經驗豐富,會幫您拔掉花叢中的雜草。」對方答:「聽起來很不錯,但我的割草工也做了。」

男子又說道:「而且,我會幫您將草與通道的四周割齊。」

對方回答:「謝謝你!不過我真的不需要割草工人了,你說的這些我請的人都已經做了。」

通話結束後。報亭老闆跟男子說:「你是要找工作嗎?我的一個親戚需要割草工,要我幫你聯繫一下嗎?」

「不用了,謝謝您!」男子說,「我就是他們家的割草工,打電話過去只是想確認我有沒有沒做好的地方,僱主對我是否滿意。」

故事的主角是一個很聰明也很敬業的人,我們可以想像,他肯定是割草工當中的佼佼者,而且,假以時日,他肯定能夠做出更大的事業。因為他有著別人未具備的特質,他有很強的自省能力,並有一定的自覺性。正是因為他有這兩個優點,所

第十二章　成功來自不斷反思與修正

以他才能夠將自己的工作做得很完美。另外，他在做到完美的時候，還在追求卓越，打電話給僱主詢問就是例證。對於一個能夠自覺、自省且不斷追求卓越的人，成功是必然的。

　　李開復講述這個故事的目的，就是告訴年輕人，想要成就事業，就要懂得自省、自覺，要把事情做到位，之後換一個角度，從另一個方向審視自己，就像上面故事的主角一樣。這樣，我們的收穫會更多。屆時，我們可以透過各個角度來發現自己的優點和缺點。將這些優缺點記錄下來，分析比對，找出原因，找出解決辦法，努力改正缺點，發揚優點，用不了多久，就能夠讓自己獲得成長。

　　一個人用這種方式使自己獲得的成長是最可靠的，因為我們的視角足夠全面，避免了出現偏激的可能。如果想做出一番事業，首先要從自省開始，之後做到自覺。如果這兩點都做到了，那麼，成功也就不遠了。這是李開復的經驗，也是其他許多成功人士的經驗。

日三省，避挫折

　　挫折是不可避免的，但連續的挫折是可以避免也應該避免的，要做到這點，多點自省就可以了。

—— 李開復

> 日三省，避挫折

挫折是每個人都會遇到的，但是，有些人遇到的會多些，而有些人遇到的則會相對少些。如果對這些人進行仔細觀察，你會發現，遇到挫折多的人往往並不是因為自身運氣不好，而是因為他不夠成熟。他們常會遇到類似的挫折，這些本是可以避免的，但是因為不懂得從挫折中取得經驗，所以常常會在不同的時間點碰到類似的挫折。

關於這些人的身上為什麼會出現這樣的情況，李開復解釋過，他覺得，是因為這些人不懂得自省，正是因為他們不懂得自省，所以才無法發現自身的問題，找不到問題自然就沒法解決，那麼，同類的挫折重複出現也就是難免的了。

要想避免這種情況，其實非常簡單，養成自省的習慣就可以了。自省可以讓我們更清楚、更全面地認識自己。認清了自我之後，自然就能夠針對自己身上的缺點和毛病進行改進了。如果長期堅持，身上的缺點就會越來越少，在同一件事上犯的錯誤也會越來越少，遭遇的挫敗自然也就少了，屆時，我們的成功機率將會更大。比爾蓋茲的成就是有目共睹的。很多人都在研究他為什麼會成功，結果發現，他的身上有很多優點，比如有氣度、有涵養、肯努力等，而除此之外，他還有一個讓人佩服的優點，懂得自省，善於發現自己的不足。李開復說，比爾蓋茲每次演講結束後，都會和為他撰寫演講稿的人以及自己的助理一起分析，找出他演講中的不足之處。比爾蓋茲總是跟他們說：「這次演講中，一定有可以做得更好的地方 —— 希望

第十二章　成功來自不斷反思與修正

你們告訴我,以便下一次改進。」這是一種很難得的虛心學習、不斷自省的態度。正是這種態度,讓他總是能夠進步,從一個平庸,甚至還有些怯懦的演講者,變成了一個卓越的演說家。

比爾蓋茲不僅會自己找出不足,加以改進,當別人指出他的錯誤的時候,他也是非常樂於接受的,在他看來,那是自己進步的機會。有一次,一個很年輕但是技術很好的工程師向比爾蓋茲彙報自己的工作。比爾蓋茲聽了之後,對工程師說:「我覺得你的想法不是很好,換種思路或許更好些……」

那個工程師正是年輕氣盛的年紀,他聽了比爾蓋茲的話之後,不客氣地說:「你錯了,讓我來告訴你錯在哪裡吧!」之後,他將自己的想法詳細地解釋了一遍。比爾蓋茲聽了之後,覺得確實是對方有道理,便承認了自己的錯誤,並請對方以後在這方面指導自己,讓自己能夠進步。

比爾蓋茲能夠做到這些,正是因為他有著自省的習慣,所以,他很少在同一個問題上犯錯,遇到的挫折也自然就比別人少。這正是他能夠將公司經營得那麼好的原因。從比爾蓋茲、李開復這種成功人士的身上,我們可以學到很多的東西。這些都是他們根據自己的經歷歸納出的經驗,我們學習了之後,可以讓自己少犯錯。

當然,學習他們現成的經驗很重要,學習他們的思考方式更重要。如果我們能夠把他們歸納經驗的方式、避免犯錯的方

式都學會了,那麼,我們不是也可以像他們一樣,總是能夠做出正確的決定了嗎?屆時,還有什麼困難是我們不能戰勝的呢?

要知道,命運是公平的,困難和挫折不會總是找一個人欺負,你經常能夠遇到它們,並不是因為運氣不好,而是你沒有應對它們的辦法,是因為你不夠成熟。而想要得到這份成熟,要靠的就是自省,只有自省才能讓你更快進步,進步了之後,自然就會少犯甚至不犯錯了。屆時,你會發現,你遇到的挫折也會很少。因為很多現在以為是挫折的事情,到時候已經不是挫折,很容易就可以應付了。

善於反思和調整,勇於接受批評

自省就是自我反省,自我提升。

—— 李開復

一個人,想要提升自己的方法有很多,可以透過自己的努力,也可以透過他人的幫助和提點,不過,要是在進行這些的同時,再加上自省,那麼,提升速度肯定會更快。因為自省可以讓我們更認識自己,發現自己的缺點,發現了缺點之後,針對性的進行改進,自然收效會更大。

將這種自省的方法,應用於個人,可以讓我們迅速變強,應用於公司,可以確保公司少犯錯。達到這個效果之後,不管

第十二章　成功來自不斷反思與修正

是個人還是公司，都將會在市場上有很強的競爭力。這正是提升的目的。

在用自省來提升自己方面，有很多案例可供參考，其中，李開復所講述的，他的老東家微軟公司的方法很值得借鑑。

李開復說，為了提高公司的競爭力，獲得員工們的真實建議，微軟專門開發了一個員工滿意度調查軟體，並且每年至少做一次全體員工的滿意度調查。在進行滿意度調查時，微軟會讓員工以匿名的方式對公司、主管、同事等各方面做出評價或提出建議。

一般來講，微軟的調查問卷由選擇題和問答題組成。李開復還曾經舉過例子，他說：「選擇題如，你是否同意『我對我的副總裁有信心』這個描述，選項是：A. 非常同意 B. 同意 C. 無意見 D. 不同意 E. 很不同意。問答題如『你對公司策略有什麼建議』等。」

這兩種形式的題目既能夠確認公司了解員工對公司的滿意度，還能夠看到員工們的真實想法。結果出來後，比爾蓋茲等高層主管會與人事部門一起研究、分析每個產品組、每個經理獲得的評估結果，以便制定出有針對性的計畫，來改進公司的管理方式。

對於微軟公司的這一政策，李開復給予了極大的肯定。他在評價的時候說：「固執己見只能讓自己的企業在市場上走入死

> 善於反思和調整，勇於接受批評

胡同，只有善於反思和調整，勇於接受批評，快速適應環境變化的領導者，才能帶領整個企業快步前進，進而占領市場。」李開復的這段話是針對企業領導者的，其實，在每個人身上都非常適用。

現代是一個快速發展的時代，物質條件豐富，市場環境開放。在這樣的環境下，可供選擇的機會比以往任何時候都多，但同時，面臨的競爭和挑戰也相應增加了。在現代社會中，想要生存已經不是問題了，但要生存得好，取得成績，並沒那麼容易。需要有強大的能力和敏銳的洞察力。而這些，只有自省能夠幫我們獲得。這，正是反思自己的目的。

要記住，自省不僅是一個良好的習慣，更是提升自己的不二途徑，它可以縮短我們的奮鬥時間，讓我們以更高的速度成長。這些是前人總結出的寶貴經驗，是凝練的人生智慧。我們有幸生活在一個注重分享的時代，有李開復這樣的年輕人導師跟我們分享他們自己的成功經驗，這是我們的幸運。而我們要做的就是把握住機會，不讓這良好的機會被浪費掉，只有這樣，我們才能讓自己更加成熟，讓自己的能力得到提升，讓自己的事業更加輝煌。

要知道，人的一生中，能碰見一個好的導師是不容易的，現在我們碰到了，就要好好利用。將他的話牢牢記住，並理解其含義，對那些略顯空泛的道理和教條進行提煉，作為我們的行為指南。只有做到這點，才不算浪費了這些道理。而且，這

第十二章　成功來自不斷反思與修正

些道理也確實會對我們的事業有幫助。

身為一個年輕人，我們缺少閱歷，但是我們年輕，有時間，可以用自己的學習和努力去彌補。而自省，正是最好的方式。所以，一定要牢記，唯有自省才能帶來自我提升，堅持下去，我們一定可以得到自己想要的東西，一定能夠實現自己的夢想。屆時，我們就會真正明白這些道理的重要性了。

▋聽取他人意見，喚醒自己

不能虛心接受別人的批評，不能從中汲取對自己有益的東西，就不可能取得更大的進步。

── 李開復

古人常說：「兼聽則明，偏信則暗。」意思是要獲得一件事情的資訊，一定要多管道了解，如果只聽一方面的陳述，就很容易出現偏差，從而遠離了真相。其實，不光是對事情的了解是這樣，做人也是同樣道理。選擇的時候是要遵循內心的，但是在其他行為當中，一定要多聽聽別人的意見，如果什麼事都是以自我為中心，那麼，就很容易出問題了。

在這方面，李開復很有感觸，他始終認為，一個人如果不去了解外界，不聽別人的意見是很難成事的。道理很簡單，個人的力量是有限的，我們不可能對所有的事情、所有的領域都

聽取他人意見，喚醒自己

了解，總會有自己的盲點。但是由於人的思維模式在作怪，我們又總是會下意識地認為自己的看法就是真理、是事實。這時候，我們的認知就會產生偏差，而這種偏差正是阻礙人進步的障礙。所以，如果想要全面發展，想要做出更多的正確決定，就要懂得傾聽，要嘗試著了解別人的看法，並吸收其中的有益部分，化為己用。如果能找到一個人，做我們的良師，時時提醒自己，在很多問題上給出不同的看法，那麼，我們就可以從中成長。

李開復在蘋果公司工作的時候，就曾有幸找到了這樣一位良師。據李開復描述，有一次，蘋果公司改組後，李開復接管了公司的圖形影像部門。當時，該部門中有一位資歷較老的高級研究員，很有實力，是圖形影像領域中舉足輕重的人物。這位研究員覺得讓李開復這樣一個年紀輕輕，又沒有圖形影像研究經驗的人當自己的主管是一件很沒面子的事情，於是，他在工作中處處刁難李開復。雖然李開復出於敬老尊賢的傳統，始終以禮相待，但內心還是很生氣，他充滿矛盾，不知道該如何處理這個難題。

在左右為難之際，李開復想到了自己的良師，便前去請教。對方聽完李開復的陳述後，直接說：「你太軟弱了。一個月之內，必須開除他。」這句斬釘截鐵的話點醒了李開復。讓他明白，自己是主管，不可以對手下員工如此放任。從那以後，李開復開始用堅定、嚴厲的態度對待這位研究員了。

第十二章　成功來自不斷反思與修正

沒多久,研究員就發生了改變,他察覺到了李開復的變化,同時也發現,自己的挑戰沒用,自己的影響力也正在下降。一個多月之後,這位研究員自己離開了公司。在這位研究員走的那天,李開復找到自己的良師說了這個消息,良師聽了後跟他說:「其實,我早就知道你無法在一個月之內開除他,因為你重感情,但我依然那麼說,目的就是喚醒你,讓你在自省中意識到自己的軟弱之處,只有這樣,你才能將工作處理得更好,這是你必須學會的。」

李開復至今都無法忘記這位良師對他的幫助,他認為,如果沒有這位良師,自己肯定進步得沒那麼快。從李開復的故事中,我們可以得到很多的啟發。即使聰明如李開復,也有自己解決不了的難題,且是工作中的難題,那麼,我們遇到困難也就更常見了。那麼,遇到困難之後怎麼辦呢?完全靠自己肯定不實際。找個能夠適時提醒自己的良師,根據對方的經驗做出自省,然後找到關鍵點,克服它,無疑是最好的辦法。

不管是成功前還是成功後,我們都要有這樣的認知:個人的能力是有限的,思維更是有局限性的,光靠我們自己,並不能解決所有問題。我們要看到個人能力的局限性,並承認這種局限性,然後尋求改變。只有具備這種意識,我們才有進步的可能。而具體的操作辦法,就是多聽聽別人的意見,最好是找到自己的良師,請對方給自己指引。只有這樣,我們才能夠像李開復一樣,獲得更大、更快的進步。

培養責任感

如果一個人不能承認錯誤、不自省，那麼，他就犯了雙重錯誤。

—— 李開復

一個人能取得多大的成就，跟他勇於擔當多少責任是成正比的。一個能夠主動擔責的人，成功的機率會更大，能成就的事業也會更大。原因很簡單，我們常說的機遇總是跟挑戰並存的，很多時候，機遇越好，挑戰就越大，風險也更高。如果一個人不敢擔責，那麼，他肯定無法接受這份挑戰，更是付不起這份風險。規避責任的想法會讓他失去最好的機會。

那麼，我們如何培養自己的責任感呢？在這點上，李開復曾在跟年輕人溝通的過程中講解過很多。李開復認為，責任感是可以培養的，要在日常的小事中，慢慢地鍛鍊，時間久了，自然就勇於承擔更大的責任了。而其鍛鍊方式，首先要從自省開始。李開復覺得，人首先要培養自省的習慣，找到自身的缺點，發現曾做過的錯事，然後勇於承認錯誤，將自己該擔當的責任擔當起來，主動接受批評。時間久了，自然就能夠承擔更大的責任了。而且，在這種鍛鍊的過程中，我們還能改變很多自身的缺點，使自己的能力得到提升。關於這點的作用，李開復講述的微軟「事後自我批評」制度，很具參考性。

第十二章　成功來自不斷反思與修正

在微軟，「事後自我批評」是一種制度。微軟公司每推出一個產品後，都會空出一段特別的時間，這段時間不是用來完善產品的，而是讓整個產品團隊做一次全面、細緻的「事後自我批評」。

在進行「事後自我批評」過程中，會有多次的電子郵件和公文的交換，以及多次檢討和評估會議。其間，產品團隊的每一名員工都會充分利用這個機會，討論在該產品的開發工作中哪些方面做得好，哪些方面做得不夠好，或做得很差。而且，這一過程中的所有討論結果和員工建議都會被記錄在案。管理者會用這些數據進行分析、研究。而分析的結果，將在全公司內公布，以幫助其他產品團隊避免類似的錯誤。

微軟公司的管理者相信，只有經過「自我反省」的過程，徹底發掘和暴露出研發過程中的所有錯誤和教訓，並主動對自己進行批評和檢討，才能避免今後重蹈覆轍。李開復說，如果一個局外人有機會參觀微軟的「事後自我批評」會議的話，他一定會認為微軟是個非常失敗的公司，因為在開會過程中，與會者基本上不會褒獎自己，而是把全部時間花在檢討錯誤、吸取教訓上。

但事實上，正是這樣一種完全暴露自己缺點的會議，使得微軟可以成為世界上最成功的公司之一。這是微軟的過人之處，是他們的驕傲。因為微軟認為，自己發現錯誤，比讓對手和客戶發現錯誤要對自己有利百倍。

透過微軟的制度，我們可以看出自省的重要性。它可以讓微軟成為軟體行業的老大，自然也可以讓一個普通人成為最頂尖的人才。意識到了這點，才可以讓自己進步得更快，讓自己成長得更好。

我們要明白，自省並不是讓自己承認不如別人，不是要證明自己比別人弱，而是為了完善自己，是為了讓自己變得比別人強。勇於承認錯誤並不是否定自己的能力，而是培養自己的責任觀念；主動接受批評並不是說自己一無是處，而是為了以後不被批評。只有改變了認知，明白了自省、認錯和主動接受批評的真正目的和意義，我們才能讓自己更加強大。就像微軟一樣，在之後的事業道路上少犯甚至不犯錯。這是成就夢想的必經之路，是每個人都應該學會的。

要改變世界，先從改變自己開始

懂得改變自己的人才能跟上時代的步伐。

—— 李開復

現今的社會，「改變」儼然已經成了熱門詞彙，很多人都在討論。的確，在這個變化迅速的時代中，一個人如果不懂得改變，那麼肯定是會被時代拋棄的。因此，能夠知道要改變，可以說是一件很有意義的事情。但是，就實際來說，好像更多人

第十二章　成功來自不斷反思與修正

在意的只是改變本身，對於如何改變，改變什麼，似乎了解得並不多，甚至根本就沒有想過。著名的企業家，蘋果公司的創始人賈伯斯有一句名言，叫做「活著就要改變世界」。這是一句很酷的話，得到了很多人的認可，那些對改變一直懵懵懂懂的人甚至還將這個看作自己的座右銘，用以激勵自己。這是好事，人有了目標就有了奮鬥的方向，但是如果僅有目標，而沒想過如何實現，也是不行的。

李開復曾經在賈伯斯的蘋果公司工作過，他也確實是因為一句類似「活著就要改變世界」的話而被吸引到蘋果公司的，他對這句話的理解自然更深刻。李開復認為，以改變世界為自己的目標是好事，這是一種進步的力量。但是將這件好事變成現實卻並不那麼容易，首先，要從改變自己開始。

李開復的理由很簡單，一個人的能力是有限的，不可能讓世界按照我們的意願而改變，我們要做的不是將世界變成另一個樣子，那樣不實際；而是要找到時代的發展方向，並順應這個方向，加速變化，這才是改變世界的實際意義。我們不是要讓世界變成另一番模樣，而是要讓它變得更快些。這就需要先改變自己，將自己納入發展軌跡中，只有這樣，才有改變世界的可能。在李開復看來，改變自己是改變世界的前提。而且，這樣也更有可行性，關於這點，李開復曾引用過的一個小故事，比較能幫助理解。

陳蕃字仲舉，是東漢汝南平輿人。祖上是河東太守。陳蕃

要改變世界，先從改變自己開始

從小就很有抱負，立志長大後要做出一番事業。他覺得，身為一個男子漢大丈夫，就要以天下為己任，胸懷天下才是男人所為。在陳蕃15歲的時候，他曾經獨居生活，由於平時不怎麼收拾，庭院以及屋舍十分雜亂。

有一天，陳蕃父親的朋友薛勤來到了陳蕃的住處，看到了雜亂的院子，對他說：「你為什麼不打掃好房間呢？這樣子多亂啊！」陳蕃聽了，不以為然地說：「大丈夫處世，當掃天下，安事一屋？」薛勤看到陳蕃一臉驕傲的樣子，就想教育一下這個小孩子，便立即反駁道：「一屋不掃，何以掃天下？」面對薛勤的反問，陳蕃無言以對。

從那以後，陳蕃便從改變自己開始，一點點地努力，最終取得了一番成就。這是一個流傳很廣的小故事，故事中表達的道理，和「要改變世界，先改變自己」是一樣的。試想，如果我們連自己都不能改變，又談何改變世界呢？所以，想要做出一番成就，首先就要改變自己。像李開復說的一樣，先找到時代的發展方向，之後調整自己，順應這個方向，然後再去努力。最後，用自己的努力，讓這個世界發展得更快些。以達到改變世界的目的。

要改變世界，先改變自己，是一種智慧，只有能夠找到改變世界關鍵因素的人，才會明白這個道理。有抱負的年輕人，會先理解其含義，然後用自己的行動去實踐這個理念，最後取得成功。這是最完美的人生軌跡，也是最值得驕傲的人生軌跡。

第十二章　成功來自不斷反思與修正

我們要想讓人生更加完美，就要遵循道理中所講的順序，做到以改變世界為目標，而從改變自己開始行動。如果堅持住，那麼，總有一天，我們會成為那個改變世界的人。

▍在別人改變之前先改變自己

透過自省，先別人一步行動，是成功的關鍵。

—— 李開復

現今是一個科技高速發展的時代，在這樣的時代裡，一切都是在變的，唯一不變的就是變化。而想要適應這種變化，就要懂得改變自己。要知道，現在的人不斷改變，如果別人改變了，而我們不變，那麼我們就會落後了。所以，想要做得比別人更好，就要懂得反思自己，在別人做出改變之前先改變自己，只有先人一步，才能夠讓自己收穫得比別人多。

李開復一直是一個高科技行業的從業者。面對著半年就更新一次的各種高科技產品，他自然更了解變化的意義。所以，他才會經常教導年輕人要學會改變。而且，他不僅在傳達理念，還給出了很多具體的方法。李開復認為，想要適應現在的時代，首先要了解這個時代，只有掌握住時代的脈搏才能保證自己不落後，這就需要了解各種新的資訊。掌握了新的資訊之後，要做的就是比對，比對自己和時代的需求，看看哪些是相

> 在別人改變之前先改變自己

合的、哪些是不合的,然後將相合的發揚光大,不合的改掉。這是一個反思的過程,只有充分利用這個過程,才能夠做到在別人改變之前先變,這是一個很重要的過程。

　　這些方法是李開復個人經驗的集合,是根據多年經歷總結出來,非常實用的方法。而且,不僅李開復有這樣的想法,很多其他的成功者也是抱有同樣觀點的。

第十二章　成功來自不斷反思與修正

第十三章
挫折，是成功的墊腳石

如果遭遇苦難或挫折，要學著把挫折轉換成動力。

—— 李開復

> 第十三章　挫折,是成功的墊腳石

▎挫折是成功的種子

　　生命中隨處是機遇,許多機遇就藏在一個又一個挫折之中。

—— 李開復

　　有人說,生命就是一次次的蛻變過程。經歷過各種折磨後,拓展厚度,增加深度,最後完成華麗的轉變,讓生命價值得以最完美體現。就如蝴蝶,幼蟲生活在一個狹小的繭中。狹小的通道能提供保護,可當牠的生命要發生質變的飛躍時,卻又成了牠的阻礙,牠必須竭盡全力衝出洞口,才可以化繭成蝶。在這艱難的過程中,許多幼蟲因為力竭而身亡,不幸成了飛翔的祭品。如果人為將牠們的洞口擴大,蝴蝶會很容易衝出洞口,但卻無法獲得飛翔的能力。原來,那狹小的「鬼門關」正是幫助蝴蝶幼蟲兩翼成長的關鍵。那是對牠們的磨礪,是為了飛翔而種下的種子,如果破壞了這種子,飛翔的能力就永遠也生不出來了。

　　蝴蝶的成長過程是痛苦的,但人又何嘗不是呢。對蝴蝶來說,狹小的洞口是他們獲得飛翔的種子,而對人來說,同樣阻礙我們前進的挫折就是那種子。只有禁得起考驗,才能夠獲得成功的果實。在這方面,李開復有很多的經歷,他曾多次講起自己在 SGI 公司的經歷,那是他曾經的種子。對他來說,那段經歷是痛苦的,因為他遭遇了失敗,但對他的人生來說,那段

> 挫折是成功的種子

經歷是最重要的財富,因為他透過那段經歷,累積了成功的經驗,用自己的堅韌和聰慧澆灌了人生的種子,最後結出了成功的果實。

李開復有著頑強的鬥志,能夠從挫折中站起來,並走向成功。不過他最讓人敬佩的不是他的頑強,而是他教導年輕人要頑強。這份責任心,讓李開復完成了從優秀到卓越的改變,一直在支撐著他為年輕人提供指導、提供方向。在教導年輕人要頑強,要能承受挫折時,李開復曾講過一個小故事,很具啟發性。

有個有具備超一流捕魚技術的「漁王」,透過一生的奮鬥,累積了大筆財富。可是,他卻一點也高興不起來,因為他的三個兒子在捕魚方面都能力平平,不能接他的班。

「漁王」經常向人傾訴心中的苦悶,他常說:「我真不明白,我捕魚的技術這麼好,可我的兒子們為什麼這麼差?從他們懂事起我就帶他們下海,從最基本的東西教起,凡是我歸納出的經驗,都教給了他們,可他們幾個的捕魚技術竟然還不如一個普通的漁夫……」

一個路人聽了「漁王」的話後,問:「你一直是手把手地教他們嗎?」

「當然,為了讓他們盡快掌握,我一直親自指導。」

「他們一直跟隨著你嗎?」

「是啊,我始終跟著他們,怕他們走彎路。」

第十三章　挫折，是成功的墊腳石

「那我問你，你的捕魚經驗是誰教的呢？」

「我？我沒有師傅，我是經過無數的大風大浪，自己總結來的。」

「那就對了，」路人說道，「你應該最清楚，風浪才是最好的老師，只有風浪才能讓漁夫學到最好的捕魚技術，而這一點你偏偏沒有做到。」

「漁王」聽完路人的話後恍然大悟，可他知道，現在才明白這個道理已經晚了。誠如故事中所言，對一個捕魚人來說，風浪是最好的老師，它是漁人的種子，可以結出成功的果實。對於一個想要成功的人來說，挫折則是最好的老師，它是我們成功的種子，唯有擁有了這種子才能結出成功的果實。這不是空泛的道理，而是無數事實證明過的箴言。

如今，李開復用自己的體驗又介紹了一遍箴言，我們要記住並理解，最後將它轉化成自己的思維。在遇到挫折的時候不要怕，要明白，那是成功前的必須經歷，要懂得，遇到的挫折越大，能夠取得的成果往往也越大。

一帆風順的漁夫是無法永遠打到魚的，一帆風順的人生也很難有大的成就，想要成就自己的人生，做一個像李開復那樣的成功者，就要有面對挫折的準備。要知道，挫折是不可避免的，它是成功的種子，是成功者累積財富的必要過程。有了這種認知，成功也就不難了。

以積極樂觀的態度面對挫折

樂觀地面對挫折,是一個人成功的基石。

—— 李開復

對於想成就自我的人來說,最重要的不是你有多大的能力,而是你在面對挫折的時候採取什麼樣的態度。只有那些能夠笑對挫折,面對困難的時候有樂觀精神的人,才能夠獲得更多的成功機會,並取得更大的成就。這不是空談,而是很多人用自己的經歷總結出的經驗。這些經驗是我們的財富,有了這財富,成功也就不遠了。

李開復是一個非常有能力的人,他在蘋果、微軟、Google公司都工作過,而且取得了令人矚目的成就,受到了別人沒有得到過的重視。要問幾家公司對他重視到什麼程度,有一件事很能參考。

2005年7月,李開復向微軟上交了辭呈,半個月後,就到Google公司上任了,中間的時間相當短。李開復剛上任沒幾天,微軟公司就將Google告上了法庭,說他們非法挖走微軟的高級人才李開復。微軟的這一行為引發了大量的關注。雖然此後出來說話的是李開復的原東家和新東家,並沒有直接牽扯到李開復本人,但對他帶來的影響也是可想而知的。一時間,李開復陷入了困境。

第十三章　挫折，是成功的墊腳石

當時，很多媒體因為被誤導，以為事件的起因是李開復的離職違背合約，就發表了一些不合事實的言論。這些言論越傳越廣，後來甚至產生了許多子虛烏有的控訴和惡意杜撰的故事。面對這些汙衊，李開復沒有任何還手的機會，他的律師朋友提醒他：「對於媒體的報導，我們是無能為力的，如果有所回應，容易越描越黑，而且可能提供更多材料給對方。唯一能做的事情就是打一場漂亮的官司，用法官的決定來堵住這些人的嘴，讓公眾了解真相。」

那段時間，李開復很鬱悶。可是他並沒有消沉，也沒有喪失對生活的希望。李開復採取最笨也是最有效的方法，待在家裡，不再訂閱報紙，不再上新聞網站，不再被流言蜚語所惑。然而，他也沒有閒著，那段時間李開復幾乎每天都要花十幾個小時苦讀法律，在對方提出的近 30 萬份檔案中用最新的搜尋工具尋找資料，和律師一同擬答辯狀，一次又一次地做出庭演練。

9 月，正式開庭，李開復一方獲得了最終勝利，法官允許他在 Google 工作。得到這個消息後，李開復和 Google 方面非常興奮，舉行了慶功宴會。在慶功宴上，一位律師在向李開復敬酒時說，整個過程李開復表現得絲毫不像個被告，而是像一個訓練有素的職業律師，甚至他的價值相當於兩個律師。

後來，有律師問李開復為何可以做到如此鎮定地每天埋頭看文件，而對外面的各種傳言毫不在乎。李開復回答說：「不是我不在乎，而是我不想將自己的時間浪費在那些我無能為力的

以積極樂觀的態度面對挫折

事情上。」律師們對李開復這種積極面對挫折的態度非常佩服，他們都認為，李開復是一個有魅力的人，更是一個頭腦清醒的聰明人。

李開復確實是一個頭腦清醒的聰明人，他懂得什麼該做，什麼不該做，更知道該怎麼去做。正是因為他能夠分得清這些，所以，在面對挫折的時候，他總是能夠以樂觀的態度積極面對。因為他明白，如果不這樣做，事情將會更糟。如果在上面的故事中，李開復公開跟媒體叫囂，當然能給他帶來更大的快感，但肯定於事無補。因為只有法官的判定才是能夠跟這些言論相抵抗的。李開復明白這個道理，所以靜下心來在家中尋找資料，幫助律師擬定方案。這無疑是當時能做出的最好的選擇。而能做出這樣的選擇，跟他樂觀面對挫折的態度是直接相關的。

李開復是很多年輕人心中的導師，是我們每個人都應該去學習的對象，但我們要學習的不是他的具體做法，因為一模一樣的事不大可能發生在兩個人身上，所以學習做法是沒有太大用處的。我們要學習的是李開復的思考方式，只要掌握了他的思考方式，就能夠在遇到困難的時候和他一樣，做出正確的選擇。這才是關鍵。而這種面對挫折時的樂觀精神，正是思考方法的一種，是我們應該牢記並好好學習的。

第十三章 挫折,是成功的墊腳石

▌讓挫折變成成長的契機

只有將挫折當成成長機會的人,才會獲得更大的成功。

—— 李開復

古人常說,「人生不如意者十之八九」,指的是我們總是要遇到很多的挫折和打擊,這是人生的常態,是每個人都必須要經歷的。如果沒有這些經歷,反而不正常。可是,話雖這麼說,卻沒有人願意接受這類的經歷,總是想盡量避免。至此,我們可以看到,現實往往會跟我們的願望相反。這是正常的,沒有必要介懷。而且,有時候正是這些我們不願經歷的挫折,為我們帶來了最後的成功。在成功者眼裡,挫折並不可怕。成功者遇到挫折的時候,不會去抱怨,也不會退縮,而是勇往直前,用自己的勇敢去面對。李開復就是這樣的一個人,他曾經歷過挫折,但他從不懼怕挫折。在他的眼裡,挫折從來都不是懲罰,而是成長的機會。這一點,從他的個人經歷中就能看出來。

1984 年的暑期,李開復在學校的論壇上看到了一則消息,應徵老師為賓夕法尼亞州最聰明的 60 名高中生上電腦課程。李開復看到這個消息後,非常興奮。因為上面的資訊顯示,6 個星期的課程可以拿到 3,000 美金的報酬。這對當時還是學生的李開復是很有吸引力的,另外就是,他也想學習一些其他的東西,這個暑期工作也正好能滿足他的要求。於是,就興奮地報了名。

讓挫折變成成長的契機

最後，李開復被錄用了。這份工作雖然短暫，但李開復很用心，他為學生設計了各種作業，還將他們每 8 人分成一個小組，在電腦上開發黑白棋的演算法。

等到課程結束的時候，每個學生都學會了程式設計，後來這個成果還向州長展示了，並獲得好評。那一刻李開復覺得，做教師是一件幸福的事，他也為自己的成就感到驕傲。

課程結束之後，李開復去系主任那裡拿屬於自己的 3,000 美元報酬，結果發現主任那裡有厚厚一疊報告，就隨口問那是什麼，主任聽了李開復的問題後，支支吾吾地說是學生對老師的評價。聽了主任的回答後，李開復問能不能給他看，結果主任變得更緊張了，跟他說還是不要看為好。

結果，主任拗不過李開復，將報告交給了他。這一看，李開復不禁大吃一驚。學生給教師的評分實行五分制，一般的老師都是 3～4 分，可李開復的評價竟然是 1 分。很多學生寫道，李老師講課非常枯燥，他像會催眠一樣，讓我們總想睡覺。這個結果是李開復沒有想到的，他之前的驕傲和滿足感也一下子消失了。這對於心高氣傲的李開復來說，無疑是一個很大的打擊。他從沒想過自己的演講和溝通能力竟然會這麼差，更讓他接受不了的是，評價表明了，那些學生學會了程式設計並不是他教得好，而是因為他們比較聰明。

不過李開復並沒有消沉，在鬱悶了一段時間後，他決定要

第十三章　挫折，是成功的墊腳石

改變自己。李開復首先找到系上的著名教授，虛心地請教授課經驗，得到經驗和方法之後，就回去努力練習。同時，他還不斷尋找演講機會，即使講不好也勇於上臺，一點點鍛鍊自己。

如今，李開復已經是一個演講專家了，但他依然沒有放棄日常的練習，因為他知道失敗後的滋味。可以說，沒有那次的失敗經歷，李開復不可能有現在的成就。對李開復來說，那次的挫折並不是對他的懲罰，而是提醒他在演講方面有所不足，正是有了那次提醒，他才開始練習演講能力，最終取得成效。李開復成功地將挫折變成了讓自己獲得成長的機會。

看過這個小故事之後，我們應該明白，李開復的成功絕不是偶然的，他是有獲得成功的特質的。在面對挫折的時候，他沒有抱怨，更沒有從別人的身上找原因，而是審視自己，並努力改變自己，最終，靠著自己的努力，讓挫折變成了成長的契機。這不僅是一種能力，更是一種智慧。有了這樣的能力和智慧之後，還有什麼做不到的呢？

別讓挫折變成埋葬你夢想的墳墓

即便遇到挫折，自信的人也能從經驗教訓中獲取繼續前行的勇氣。

—— 李開復

> 別讓挫折變成埋葬你夢想的墳墓

我們沒法掌控天氣，但可以掌控自己的心情。我們沒權力支配別人，但是，我們可以支配自己。在遇到挫折的時候，我們可以選擇積極面對而不是消沉懈怠，在做錯了事情之後，我們可以選擇反思自省而不是抱怨和推卸責任。要想成就自我，就要努力讓自己變得強大，因為只有強大了之後，我們才能夠做更多的事情，把握住更多的機會。要明白，機會在你的面前，可是你卻沒有能力抓住是最痛苦的事情。

在跟年輕人的交流過程中，李開復曾引用過曾子的話「吾日三省吾身」來強調反省的重要性。事實上，不僅是李開復，所有的成功者都具備很強的反省能力。因為懂得反省，他們才能發現自己的缺點，之後改正，從而讓自己更強，可以完成更難的任務。這樣一點點的累積，才有了他們後來的成就。如果不管遇到什麼事情，都是抱怨，把問題推給別人，是不可能進步的，沒有進步也就不會取得成功，自己的夢想也就無法實現了。

關於不懂反省的危害，一個小故事或許能讓我們看到更多。

已經下了好幾天的雨了，現在依然還在下著。在雨中，一名男子站在草地上，氣呼呼地指著天空大聲罵著：「老天啊，你長眼睛了嗎？一連下了這麼多天的雨，你不煩嗎？你看看，我的屋頂已經漏水了，取暖用的乾柴也被淋溼了，就連我僅剩的一點糧食，也因為受潮而開始發霉了。還有，我只有那麼幾件替換的衣服，現在也全溼了，現在我感覺又餓又冷。難道就不能讓雨停下來嗎？你為什麼要這麼捉弄我啊！你說，你該不該罵……」

285

第十三章　挫折，是成功的墊腳石

　　男子越罵越氣，越氣聲音越大，到最後，已經近似嚎叫了。就在這時，有個被淋得渾身盡溼的人躲進了屋簷，但是男子似乎沒有發現那人，依然在罵個不停。

　　忽然，那人出聲了：「喂，朋友，你已經溼透了，為什麼還站在那兒啊？你那麼賣力地罵老天爺，他聽到後一定會被你氣死的，如果那樣雨應該就會停了。」

　　男子聽見反對聲，脾氣更大了，火氣十足地回應道：「哼，胡說！他會生氣？他根本就聽不見我在罵他。」

　　躲雨男人聽到後，忍不住笑了：「哈！既然你知道沒有用，那你為什麼還罵呢？」

　　「我……」雨中男人不知怎麼說好了，只是站在那裡，生著悶氣。

　　躲雨的男人又說道：「朋友，與其在這裡罵老天，還不如撐起一把雨傘，先將你的屋頂修好，然後去借點柴火，把衣服和糧食烘乾，再好好地吃上一頓，等待天晴。而且，你要明白，老天並不是在懲罰你，而是在提醒你，以後不要太懶了。試想，如果你的屋子修得夠結實的話，會因雨漏水嗎？記住，朋友，遇到困難時不要總是發牢騷，要懂得在自己的身上找問題啊，一個總是推卸責任的人是不會過上舒服日子的。」

　　罵老天的男子聽了後，沉默了一會，轉身回家了。

　　現實生活中，我們總是能碰到跟故事中的男子一樣的人。

他們在遇到問題的時候，從來不會從自己的身上找原因，總是抱怨外部環境、抱怨別人。然後在這抱怨中，讓自己的生活變得更糟。就像避雨人說的一樣：「總是推卸責任的人是不會過上舒服日子的。」因為它讓我們喪失了前進的動力。

一個追求進步的人必定是一個懂得自省的人，因為只有自省才能讓我們獲得最大的提升，這是前人總結出的經驗。我們要想做出一番事業，就要遵循前人的經驗做事，只有這樣，我們才能少走甚至是不走彎路。人生的道路上彎路少了，你自然就更接近成功。

要明白，挫折並不可怕，遭遇挫折後不懂得反省才可怕。一個聰明的人會將挫折當成進步的階梯，而愚蠢的人則會讓挫折變成埋葬自己夢想的墳墓。

我們可以沒有李開復那樣的影響力，但我們可以擁有他的思維，並用這種思維幫自己獲得成功，最終得到自己想要的。這，才是李開復真正要告訴我們的道理。

挫折是打擊，也是機會

　　人在挫折中學到的東西會遠遠多於在成功中學到的，所以，從另一個角度講，挫折是成功的催化劑。

—— 李開復

第十三章　挫折，是成功的墊腳石

　　生活中，我們總是會遇到種種問題，很多時候，處理不當，就會出現麻煩，讓自己備受牽制。如果麻煩稍微大一點，就會變成很多人眼裡的挫折。面對挫折的時候，我們是處於絕對劣勢的，此時心志不夠堅定的人就會因此喪失鬥志，從此一蹶不振。不過我們也會發現，好像有很多人並不在意這個，在遇到挫折的時候，他們總是能找到方法，將自己的劣勢化為優勢。對這些人來說，挫折非但不是對他們的打擊，反而成了機會。

　　那麼，為什麼這些人能夠很快地扭轉局勢，讓挫折變成成功的契機呢？李開復說，一個成功的人，不管面對什麼，都是樂觀的，在他們的眼裡只有機會而沒有挫折，在遇到挫折的時候，他們想的不是自己受到的打擊，而是挫折背後是否蘊含著機遇。在李開復看來，正是這種思維上的差異，讓那些成功的人可以笑對挫折，甚至能將其變成機遇。關於這點，李嘉誠的一次經歷很有參考價值。

　　李嘉誠剛開始創業的時候，工廠廠房簡陋，資金也不足，受到了很多牽制。後來，經過他的努力，總算有了點起色，可就在這個時候，李嘉誠的廠房發生了火災，大火把廠房燒得不成樣子。

　　這無疑是個沉重的打擊，但讓李嘉誠沒有想到的是，後果比這個還要嚴重。

　　有人把李嘉誠那被燒得破爛不堪的廠房拍了下來，郵寄給

> 挫折是打擊，也是機會

了他的客戶，這樣一來，李嘉誠在客戶心中的可信度便下降了。可以說，這時的李嘉誠外憂內困，差不多到了人生的最谷底。

不過，李嘉誠並沒有消沉，經過了深思熟慮之後，他調整了員工的士氣，為員工講述未來發展前景，激勵大家的情緒。結果，很多員工不但沒有因為公司受損而離開，反而更有幹勁了，他們覺得跟著這樣的老闆，肯定有前途。

處理好員工問題後，李嘉誠就開始著手新廠房的建設了，他找到了投資人，之後馬上動手，很快就把被燒毀的廠房修理好了。這時，李嘉誠做了一件非常正確的事，他替新廠房和他士氣十足的部下拍了許多照片，再將別人拍的燒毀後的廠房照片放在一起，打包送給自己的客戶。客戶們看到李嘉誠寄來的照片後，非常震驚，覺得這個年輕人可以在如此短的時間內重整旗鼓，是一件了不起的事。於是，客戶們對李嘉誠更加信任了。就這樣，一個大的挫折不但沒有讓李嘉誠倒下，反而為他提供了機會。

事後，李嘉誠跟別人說，遭遇挫折的時候，誰都會怕，這是正常的，但是不能因為害怕就不去努力。要知道，挫折是打擊也是機會，如果利用得好，那麼挫折就是另一種形式的成功。它可以鍛鍊你的意志，更是能讓你在應對的過程中學到東西。更重要的是，別人會因為看到你在面對挫折時的堅韌而承認你。即使你被挫折暫時打敗了，這份堅韌依然能夠讓人記住你，這

第十三章　挫折，是成功的墊腳石

才是挫折能帶給我們的東西。

李嘉誠是幸運的，他沒有被挫折打敗，不過我們相信，就像他說的一樣，即使被挫折打敗了，面對挫折時的那份勇氣也是會讓別人記住他的。所以，對於李嘉誠來說，挫折，確實是另一種形式的成功。戰勝了挫折，可以贏得更好的前景；即便敗了，其間的表現依然會為他加分。而李嘉誠能做到這點，跟他那堅強的意志和冷靜的頭腦是分不開的。

李開復和李嘉誠都認為，挫折是一個人的財富。正是這種相似的觀點，讓他們和你我不同。如果想要跟他們拉近差距，就要懂得向他們學習，學習他們的優點，學習他們面對挫折時的態度。

▎不幸是一所最好的大學

對強者來說，挫折可以為自己的成長提供最好的經驗累積，可以為自己的內心增添更多的勇氣。

—— 李開復

別林斯基說：「不幸是一所最好的大學。」猶太諺語中寫道：「苦難，是強者的學校。」的確，人生下來就是注定要與困難打交道的。各種困難、挫折，就好像彈簧，你強它就弱，你弱它就強。在和挫折的搏鬥中，被挫折吞沒的是懦夫，能挺立的是

英雄。當然,也有很多弱者經過挫折的洗禮後,變成了強者,而強者在經歷挫折之後,肯定會變得更強。所以,我們要看到,挫折並不可怕,也無需抗拒,它是可利用的,更是能為我們帶來益處的。關鍵在於你用什麼方式去面對它。

李開復在人生中,遇到過很多的挫折,像講課被同學們稱為「催眠」、在SGI公司的專案失利等,都是他所經歷的挫折,但是,他從來沒有被打倒過,而是透過這些挫折,讓自己變得更強。正是了解了同學們對自己授課方式的否定,才讓他痛下苦功,最終成長為演講專家;也正是在SGI的失利讓他得到了經驗,讓他在微軟工作的時候少走了很多彎路。李開復的成功,在相當程度上得益於他能夠從經歷過的挫折中發現自身的不足,之後進行彌補,最終讓自己變得更強。現在的李開復已經不再是專業經理人了,更多的時候,他所充當的角色是年輕人的人生導師。在李開復的一生中,他幫助過很多大學生,替他解惑,幫他們創業,這份功績是偉大的,而這份偉大來自他的耐心和責任感。李開復經常利用自己的業餘時間跟年輕人交流,告訴他們挫折雖然會帶給人麻煩,但並不可怕,而且,如果能夠正視挫折,還可以讓自己變成強者。他曾講過的一個小故事,很能解釋這道理。

有一天,一頭驢子不小心掉進一口枯井裡,由於枯井很深,牠爬不上來了。驢子的主人知道後,便想辦法救牠出來,但是幾個小時過去了,驢子的主人試了好多方法,都沒有任何效

第十三章　挫折，是成功的墊腳石

果。最後，驢子的主人決定放棄了，他覺得，自己是沒有辦法把牠救出來的，還不如填了枯井，將驢子埋了吧，免得牠更加痛苦。

於是，驢子的主人和鄰居們開始往井裡填土，一開始，驢子並沒有明白人們的意思，牠不知道為什麼會有人往井裡填土。而當牠了解自己的處境後，叫得更悽慘了，似乎，牠已感覺到了末日的來臨。

但接下來的事情讓所有人都感到了意外，人們往井裡填了大概有幾筐土之後，井裡的驢子竟安靜下來了。地面上的人好奇地探頭往井底看，眼前的事實讓他們目瞪口呆：人們發現，當扔進井裡的泥土落在驢子的背部時，牠會將泥土抖落在一旁，然後站到泥土堆上面，繼而將泥土踩實！就這樣，隨著人們往井裡填更多的土，土堆也越來越高。最後，驢子上升到了井口，在眾人驚訝的表情中跳出枯井，瀟灑地跑開了！

這是一頭非常聰明的驢子，泥土是用來埋葬牠的，牠卻將泥土踩在了腳下，最後，藉著泥土獲得了重生。

挫折是每個人都不喜歡的，但不可否認，有時候，它能為人帶來機會。我們要明白，正確應對挫折可以讓我們變得更加堅強，而這份堅強，正是成就自我的必備條件。這，正是李開復講這個故事的目的。他是想告訴年輕的朋友們，挫折並不可怕，害怕挫折的情緒才可怕。如果應對得當，是可以從挫折中

獲得收益，甚至是獲得新生的。

挫折，是強者的學校，是成功的催化劑。在面對挫折的時候，不要被它嚇倒，而是應該抬起頭來，勇敢地去戰鬥，在這戰鬥的過程中，你會發現，自己正一點點地改變，變得更強了，更成熟了。而這份改變，正是你獲得成就的基礎，它能夠讓你變成一個真正的強者，可以讓你在事業上取得傲人的成績。

在挫折中找到成功的力量

> 遭遇苦難和挫折時，要學著把挫折轉換成動力。
>
> —— 李開復

人都會經歷不幸，不過有大有小罷了。從小經歷坎坷，身世悽苦的，是大的不幸，不過一般人不會有這樣的經歷，所遇到的大多是小的不幸，也就是常見的挫折。遭遇挫折是人生的常態，是任何人都無法避免的。不過這每個人都要經歷的常態，確實能夠區分出每個人的程度差異。面對挫折的時候，能夠保持頑強的，大都是強者，反之，則往往是弱者。這種差異，用一句流行的話概括就是：「態度決定人生。」

有正確態度的人，面對挫折的時候會將它當成一種考驗、一個機遇，他們會在挫折中尋找機會，從而獲得成功的力量。反之，則是認命不為，一副聽之任之的態度，被命運捉弄也就

第十三章 挫折,是成功的墊腳石

不難理解了。李開復說,挫折是試金石,透過它可以看出一個人有多大的魄力,能成就多大的事業。在李開復看來,一個人想要成就自我,就要有改變自我、超越自己的能力。只有這樣,才能夠化危機為轉機,從挫折中找到成功的力量,最終實現自己的價值。關於這點,李開復還曾講過一個小故事。

據傳,有一個伊朗國王一直好大喜功,喜歡排場。他聽別人說法國的凡爾賽宮很有名,就派人畫了一幅凡爾賽宮的畫。拿到畫後,國王震驚了,他沒想到世界上還有如此恢宏的建築,他覺得,自己也要有一個這樣的宮殿。於是,國王決定建一個同樣輝煌的宮殿,其中最重要的一項就是造一個像凡爾賽宮中一樣的、壁上嵌滿鏡子的大廳。

國王要建宮殿的消息傳出之後,全國的建築商都來找國王,希望能承建這個工程。經過了一系列的篩選之後,一位叫拉亞的建築商脫穎而出。

拉亞很能幹,工程也進展得相當順利,一切跡象都表明,他們肯定能取得最好的結果。然而,就在拉亞鬆了一口氣的時候,問題出現了。

當裝滿鏡子的箱子運達時,拉亞很興奮,他親手開啟了第一個箱子,卻發現,鏡子全在運送的途中打碎了;他又開啟第二個箱子,也是碎的;第三個,第四個⋯⋯最後,拉亞幾近絕望了,幾乎所有箱子裡的鏡子都碎了!誰都能看出,這是一個意外,

在挫折中找到成功的力量

但國王不會認為這是意外,如果讓國王知道這件事,那麼,拉亞不但收不到款,恐怕項上人頭都要交出去了。一時間,拉亞陷入了困境。

就在這時,拉亞手下的一名年輕建築師來找他,說自己有解決辦法。拉亞問他怎麼辦。年輕的建築師沒有直接回答,而是拿起槌子把所有的鏡子都敲成一個個小小的碎片。年輕建築師的舉動讓拉亞很吃驚,剛想問為什麼要這麼做,年輕建築師開口了:「都打碎後,我們就可以把小鏡子鑲到牆上了,而且,就連柱子上都能鑲滿。到時候,這裡肯定比凡爾賽宮還要漂亮。」

最後,拉亞成功完成了任務,還得到了國王的誇獎,而那個年輕的建築師則成了拉亞的女婿。

對很多人來說,遇到上面的情況,都會不知所措。但是年輕的建築師沒有,他從挫折中找到了成功的因素,進而將之轉化成更好的做事方式,最後催生了奇蹟。

這個年輕的建築師,就是李開復所說的那種可以在挫折中找到成功的力量的人。在面對挫折的時候,他們不會消沉,更不會慌亂,而是從不同的角度來思考問題,進行統籌。經過這樣的努力之後,往往結果就不同了,可以讓危機變成良機。這,就是從挫折中找到成功的力量。

從李開復講述的這個小故事我們可以看到,挫折並不可怕,

第十三章　挫折，是成功的墊腳石

它是可以轉化為機遇的。在面對挫折的時候，放棄行動、喪失信心才最可怕。它不僅會導致我們無法戰勝眼前的挫折，還會讓我們以後再也沒有面對挫折的勇氣。只有正視挫折，勇於從中找到成功的力量，才可以讓自己變得更加成熟、勇敢，才可以去面對更大的挑戰。

▍經歷過挫折的成功才是堅實的

戰勝挫折之後的成功，才是最值得驕傲的成功。

—— 李開復

每個人都渴望成功，也都或多或少地會對成功人士表現出些許羨慕。不過，如果我們仔細研究一下那些成功者，可以發現，成功者和成功者之間也是有差別的。比如，有些人的事業比較穩定，事業的壽命也較為長久；有些就不行了，事業發展速度較為迅速，但是沒有可持續性，曇花一現，很快就會消失。產生這種區別的原因有很多，很難盡數。不過，如果你足夠仔細，就會發現，一般來說，經歷過挫折的人，其成功往往都會更長久些。挫折和成功未必是因果關係，但絕對相關。

關於這一點，很多人都做過解釋。李開復認為，挫折不僅不是一種打擊和毀滅，很多時候還是重生。挫折是痛苦的、艱難的，但一個人如果能夠戰勝這種艱難，那麼，說明他本身的

> 經歷過挫折的成功才是堅實的

生命力和適應能力都很強。所以，一個曾經經受過挫折並挺過來了的公司才會更長久。因為他們面對過複雜的情況，並形成了應對機制。這種機制可以讓他們在困難中得到生存的機會，更能讓他們在順境中發揮出高於自身的威力。這，正是挫折對於事業或者對於人生的意義。

透過李開復的觀點，我們可以得出一個結論，那就是，沒有經歷過挫折的成功是不堅實的。因為他們沒有應對惡劣情況的經驗，沒有經歷過最複雜的考驗，所以，這樣的成功很容易消失。而經歷過挫折的成功，則往往更長久。

1910 年，松下幸之助到大阪電燈公司做了一名學徒。對於書讀不多的他來說，面臨的困難可想而知，但他從沒有想過要放棄，而是憑著刻苦努力贏得了公司的信任。隨著社會經驗的累積，松下決定離開公司，自己去闖一片天地。

創業之初，正逢第一次世界大戰，物價飛漲，通貨膨脹嚴重，而當時，松下手裡的所有資金加在一起還不到 100 日元。無論在誰的眼裡，當時的松下都沒有成功的可能，但他並沒有放棄，還是堅持成立了公司。不久，松下的產品就生產出來了，可是他還沒來得及高興呢，就遇到了問題，賣不出去。對他更不利的是，員工們開始相繼離去，松下的境況變得異常糟糕。

面對如此困境，松下依然沒有灰心，而且他把這困境當成鍛鍊自己的機會。終於，他憑著自己的努力帶領公司慢慢走出

第十三章 挫折,是成功的墊腳石

　　了困境。然而,他沒想到,厄運才剛剛開始,1945 年,日本戰敗,松下也進入了人生的最谷底,變得幾乎一無所有。他為了抗議公司被判定為財閥一事,不下 50 次去找美軍司令部進行交涉,其辛酸程度超出了很多人的想像……

　　松下的一生,經歷過多次大起大落,但他始終沒有放棄,沒有服輸,而是一路挺了過來,最後,他被尊稱為「經營之神」,直到現在,他的公司依然實力強勁。這正好說明了之前的道理。只有經歷過挫折的成功才是堅實的,就像松下一樣,經歷過多次的挫敗,才有了後來那耀眼的成就,而他的公司也確實更具有生命力。

　　跟松下比起來,我們所面臨的困難簡直不值一提,不過,多數人的表現似乎也不值一提。這正是我們成不了松下的原因,在面對挫折的時候,我們不夠勇敢,不夠堅定。在我們的心裡,挫折不是對我們的考驗,更不是我們提升自己的機會,而是上帝對我們的不公和懲罰。這樣的思維是要不得的,它不僅會讓我們對挫折產生恐懼,還有可能讓我們徹底喪失鬥志。

　　要知道,挫折並不可怕,也不可厭,從某種角度上講,它可以說是成功的增光劑,因為有了它,你的成功才會更加精采,更加堅實。

經歷過挫折的成功才是堅實的

國家圖書館出版品預行編目資料

打開格局，先放棄「穩定」！——李開復給年輕人的 100 個忠告 / 文泉 著 .-- 第一版 .-- 臺北市：樂律文化事業有限公司, 2025.03
面；　公分
POD 版
ISBN 978-626-7644-83-6(平裝)
1.CST: 自我實現 2.CST: 成功法
177.2　　　　　　　114002586

打開格局，先放棄「穩定」！——李開復給年輕人的 100 個忠告

作　　　者：文泉
責任編輯：高惠娟
發　行　人：黃振庭
出　版　者：樂律文化事業有限公司
發　行　者：崧博出版事業有限公司
E - m a i l：sonbookservice@gmail.com
粉　絲　頁：https://www.facebook.com/sonbookss/
網　　　址：https://sonbook.net/
地　　　址：台北市中正區重慶南路一段 61 號 8 樓
8F., No.61, Sec. 1, Chongqing S. Rd., Zhongzheng Dist., Taipei City 100, Taiwan
電　　　話：(02) 2370-3310　　傳　　　真：(02) 2388-1990
律師顧問：廣華律師事務所 張珮琦律師
定　　　價：420 元
發行日期：2025 年 03 月第一版
◎本書以 POD 印製